伊能図大全

第2巻
伊能大図
関東・甲信越

渡辺一郎 監修

河出書房新社

目次

はじめに 3
関東甲信越北半 大図全図 4
関東甲信越南半 大図全図 6
関東甲信越北半 大図索引図 8
関東甲信越南半 大図索引図 10
第72号 村上（1）〜（3） 12
第73号 新潟（1）〜（3） 15
第74号 出雲崎（1）〜（2） 19
第75号 佐渡（1）〜（3） 22
第76号 長岡・柏崎（1）〜（3） 28
第77号 湯沢（1）〜（2） 34
第78号 渋川（1）〜（2） 38
第79号 三国峠（1）〜（3） 42
第80号 糸魚川（1）〜（3） 45
第81号 長野（1）〜（2） 50
第82号 魚津（1）〜（2） 54
第83号 富山（1）〜（3） 57
第84号 七尾（1）〜（2） 62
第85号 輪島（1）〜（2） 66
第86号 金沢（1）〜（2） 69
第87号 草加・古河・小山（1）〜（3） 72
第88号 熊谷・浦和・川越（1）〜（2） 76
第89号 船橋（1）〜（3） 80
第90号 東京（1）〜（4） 84
第91号 木更津（1）〜（4） 92
第92号 館山（1）〜（3） 97
第93号 横浜・横須賀（1）〜（2） 101
第94号 高崎・秩父（1）〜（3） 104
第95号 軽井沢・富岡（1）〜（3） 110
第96号 松本（1）〜（3） 114
第97号 大月（1）〜（3） 120
第98号 甲府（1）〜（2） 124
第99号 小田原（1）〜（2） 128
第100号 富士山（1）〜（4） 132
第101号 熱海・三島（1）〜（3） 140
第102号 下田・大島（1）〜（3） 145
第103号 新島・神津島・式根島（1）〜（2） 149
第104号 三宅島・御蔵島（1）〜（3） 151
第105号 八丈島 154
第106号 青ヶ島 155
第107号 静岡（1）〜（3） 156
第108号 飯田・伊那（1）〜（3） 161
第109号 木曽福島（1）〜（3） 166
第110号 中津川（1）〜（3） 172
第111号 浜松（1）〜（3） 177
第112号 高山（1）〜（3） 182
第113号 郡上八幡（1）〜（3） 186
第114号 犬山（1）〜（3） 190
第115号 名古屋（1）〜（4） 195
第116号 豊橋（1）〜（4） 201

本巻収録大図の地図凡例
○ 宿駅
☆ 天測点
⛴ 湊
⛩ 神社

第2巻　伊能大図　関東・甲信越

はじめに

渡辺一郎

本巻には、関東・甲信越・東海および北陸の四七図を収載する。第一次測量から第九次測量までのすべての測量旅行により制作された地図がそろっているが、四七図の大部分は国立国会図書館蔵（国会大図）である。アメリカ議会図書館の大図は、着色再現図として第七五号「佐渡」、第八二号「魚津」から第八六号「金沢」、第一〇九号「木曽福島」、第一一〇号「中津川」、第一一二号「高山」から第一一六号「豊橋」までの一三図と、彩色図の第一一一号にとどまっている。

国会大図の彩色は美しく精細で、アメリカ大図の着色作業にあたっても手本とした。測量回数と方面別は次のとおりだった。

第一次（一八〇〇）　奥州街道
第二次（一八〇一）　伊豆半島、房総半島
第三次（一八〇二）　信越道沿岸
第四次（一八〇三）　東海道・北陸道沿岸、佐渡、上越道
第五次（一八〇五）　東海道
第六次（一八〇八）　浜名湖周辺
第七次往路（一八〇九）　行田、佐久、諏訪、木曽路
第七次復路（一八一一）　伊那路、甲州路
第八次往路（一八一一）　大山、富士山麓
第八次復路（一八一四）　高山、野麦峠、善光寺、秩父
第九次（一八一五）　伊豆七島、富士山麓、江戸周辺

千住宿から奥州街道の第一次測量は歩測で、緯度一度を二七里と測ったが、第二次、第三次測量でも測って修正された。第二次測量からは間縄を張り、作業をマニュアル化しているから、精度は一変した。緯度一度は二八・二里となり、それ以後の変更はなかった。第二次測量のみの地域は、伊豆半島西海岸、三浦半島、房総半島沿岸に始まる本州東海岸である。

第三次測量では日本海沿岸を第七二号「村上」から新潟、出雲崎、糸魚川、長野、軽井沢、高崎、熊谷を経て東京に戻る。「軽井沢」では旧碓氷峠を通り、国境にあった熊野権現の社人らの案内を受け、諸方の方位を測ったことが測量日記に出てくる。噴煙を上げる浅間山が近くに描かれる。

第四次測量は品川から東海道を再測し、沼津から東海道の海岸波打ち際を熱田、大宝新田（飛島村）まで測り、佐屋、大垣、関ヶ原から木本、敦賀に出て、北陸沿岸を北上している。さらに能登半島を東西に手分けして測り、出雲崎から佐渡に渡り、一周を測ったあと寺泊に戻って、長岡から上越道を高崎に出た。途中、福井城下、大聖寺城下、金沢城下、富山城下に枝測線を延ばしている。

西国測量に向かった第五次測量では、往路では第四次測量でできなかった東海道の本街道を測る。四国に向かった第六次測量では往路に浜名湖周辺を測っている。

九州第一次測量となる第七次測量では、飛鳥山近くの王子から日光社参の街道を岩槻まで測り、騎西、行田、熊谷と進んで、高崎から松井田、佐久を経て諏訪に出る。塩尻から木曽路を測って岩村城下、中津川、鵜沼、加納（岐阜）から関ヶ原に出て、彦根に向かった。

第七次の帰路は、名古屋から豊田を経て信州根羽村、飯田、高遠、茅野から韮崎、甲府、八王子、新宿に至り、帰宅した。

九州第二次測量となる第八次測量の往路では、どういう考えか、東海道藤沢から大山の阿夫利神社まで上り、矢倉沢往還を富士吉田に出て大月、甲府城下まで行って、身延山を経て東海道に戻り、熱田から四日市へ抜けた。富士周辺を一回りして、第一〇〇号「富士山」という伊能大図の象徴的で、しかも入念な筆致の美しい伊能図がイメージされたのかもしれない。

第八次測量の帰路では、四日市から岐阜、高山に出て、野麦峠を越えて松本から長野善光寺へ、その後、飯山まで進んで反転し、松代、追分、富岡から熊谷へ出て、寄居から秩父まで測線を延ばし、川越、板橋宿経由で帰宅した。途中、岐阜から郡上八幡に向けて手分け測量が行なわれている。

伊豆七島は第九次測量で測られたが、三日三晩の漂流という命がけの測量だった。伊豆七島終了後、伊豆半島東側、富士山周辺、江戸近郊の補足測量が行なわれた。現在の国道二四六号線沿いの測線は、このとき測られたものである。

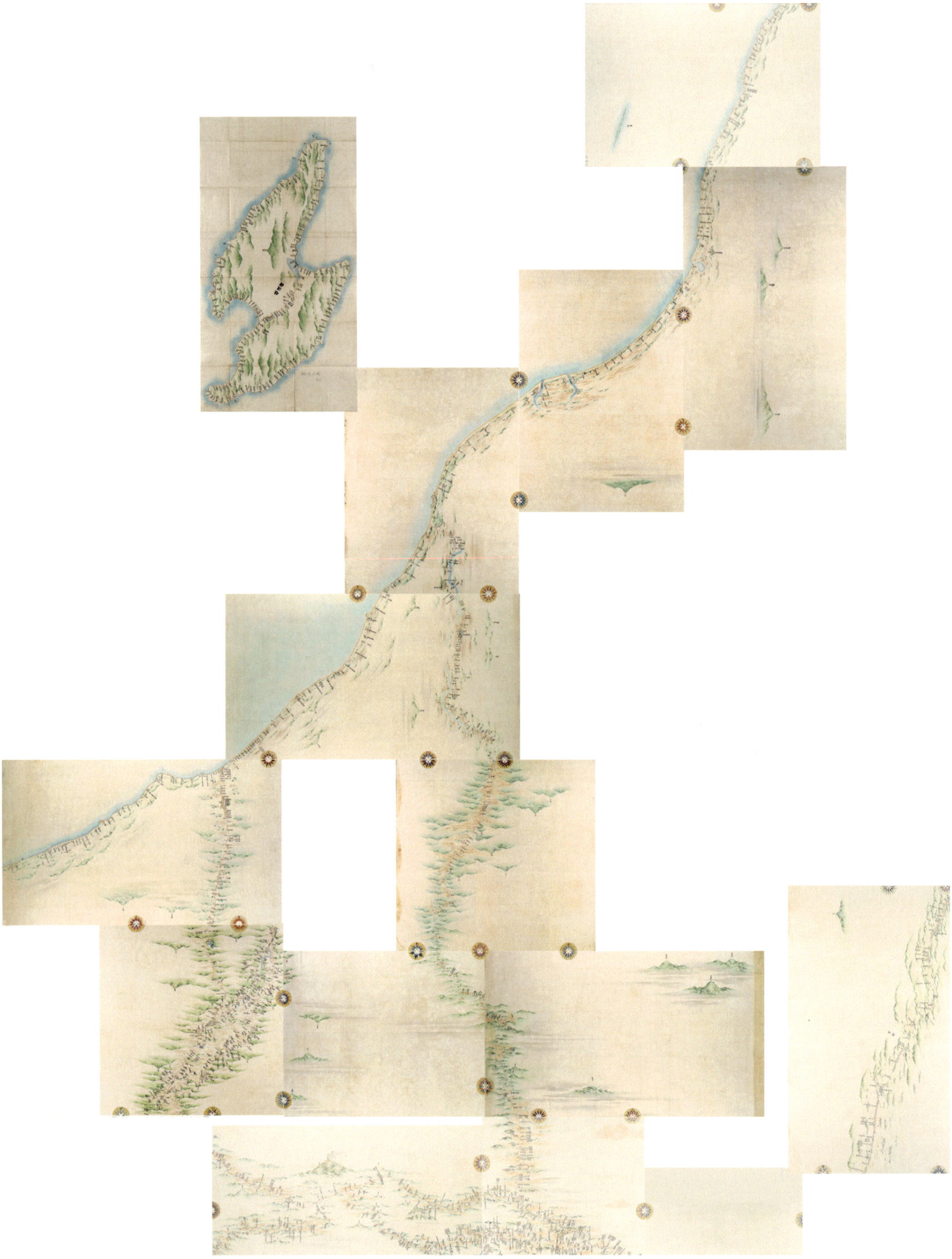

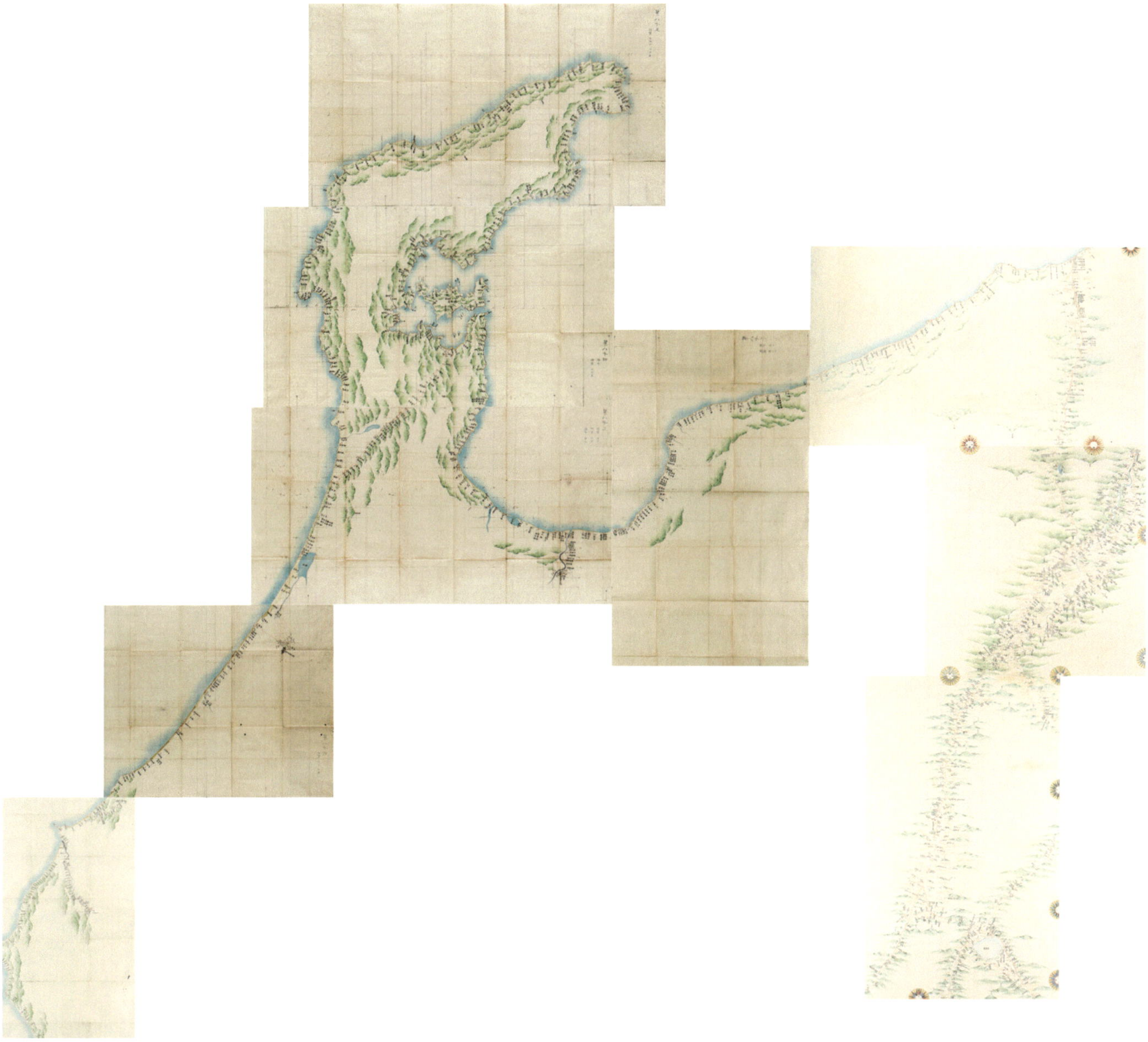

005　**関東甲信越北半 大図全図**

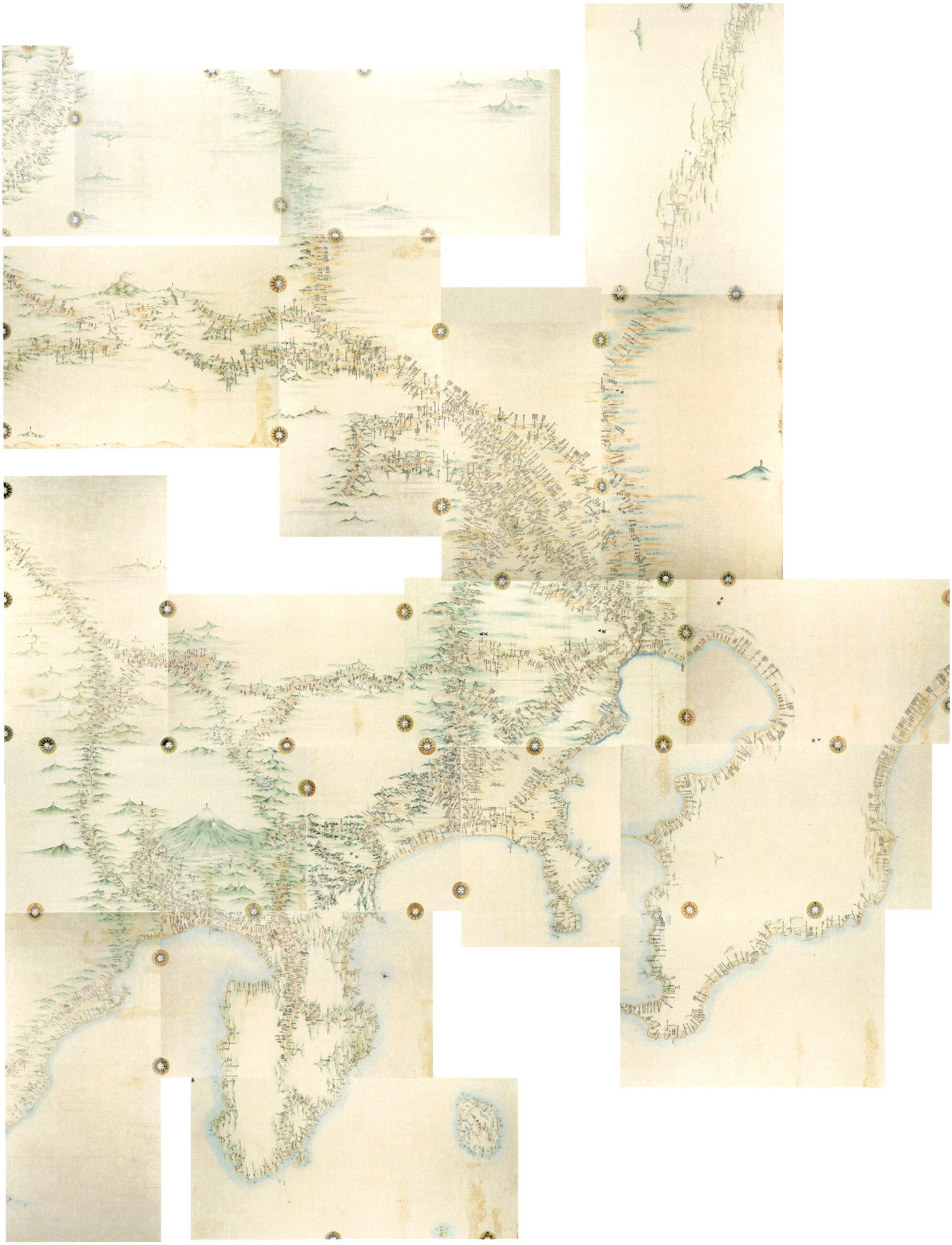

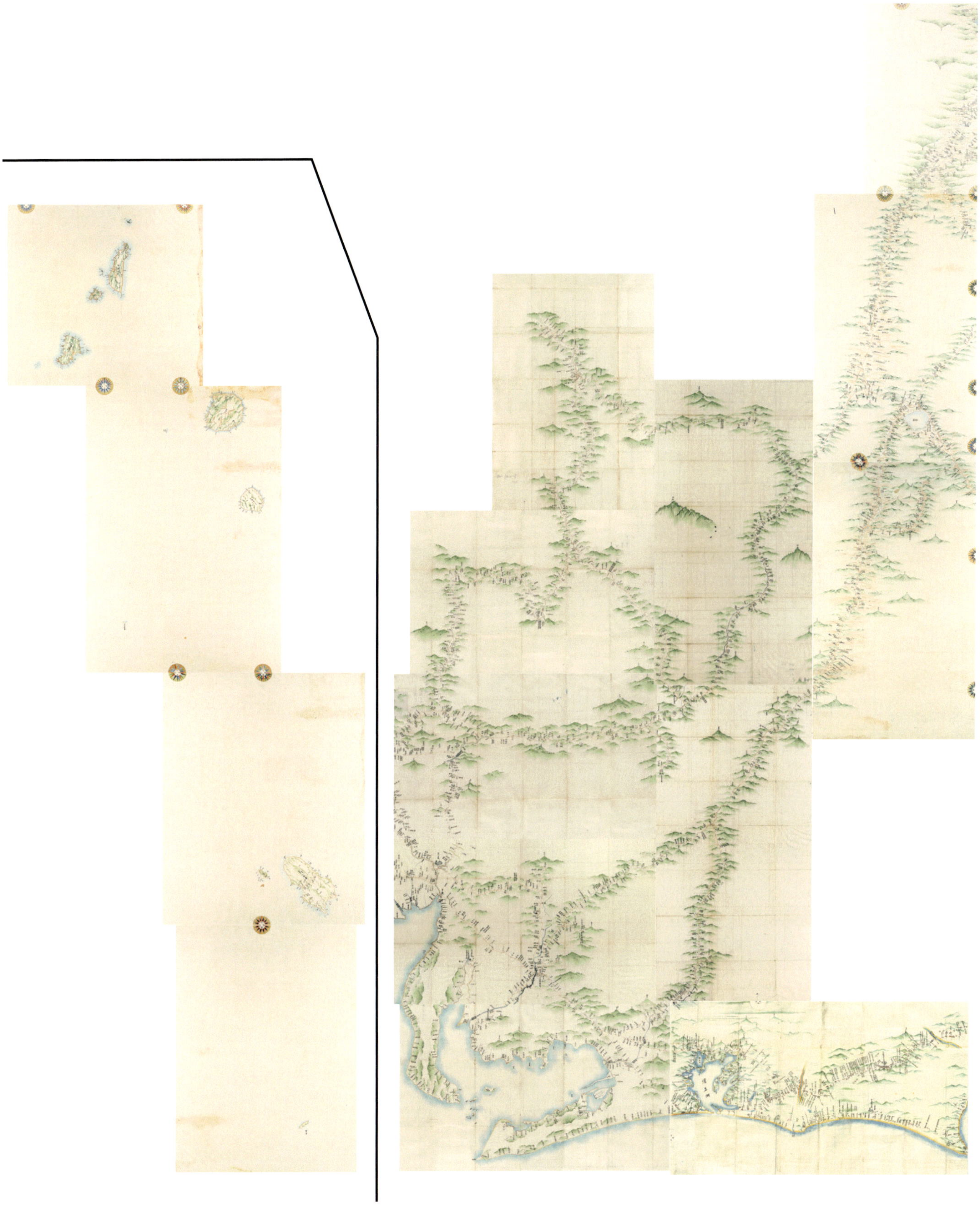

007　**関東甲信越南半 大図全図**

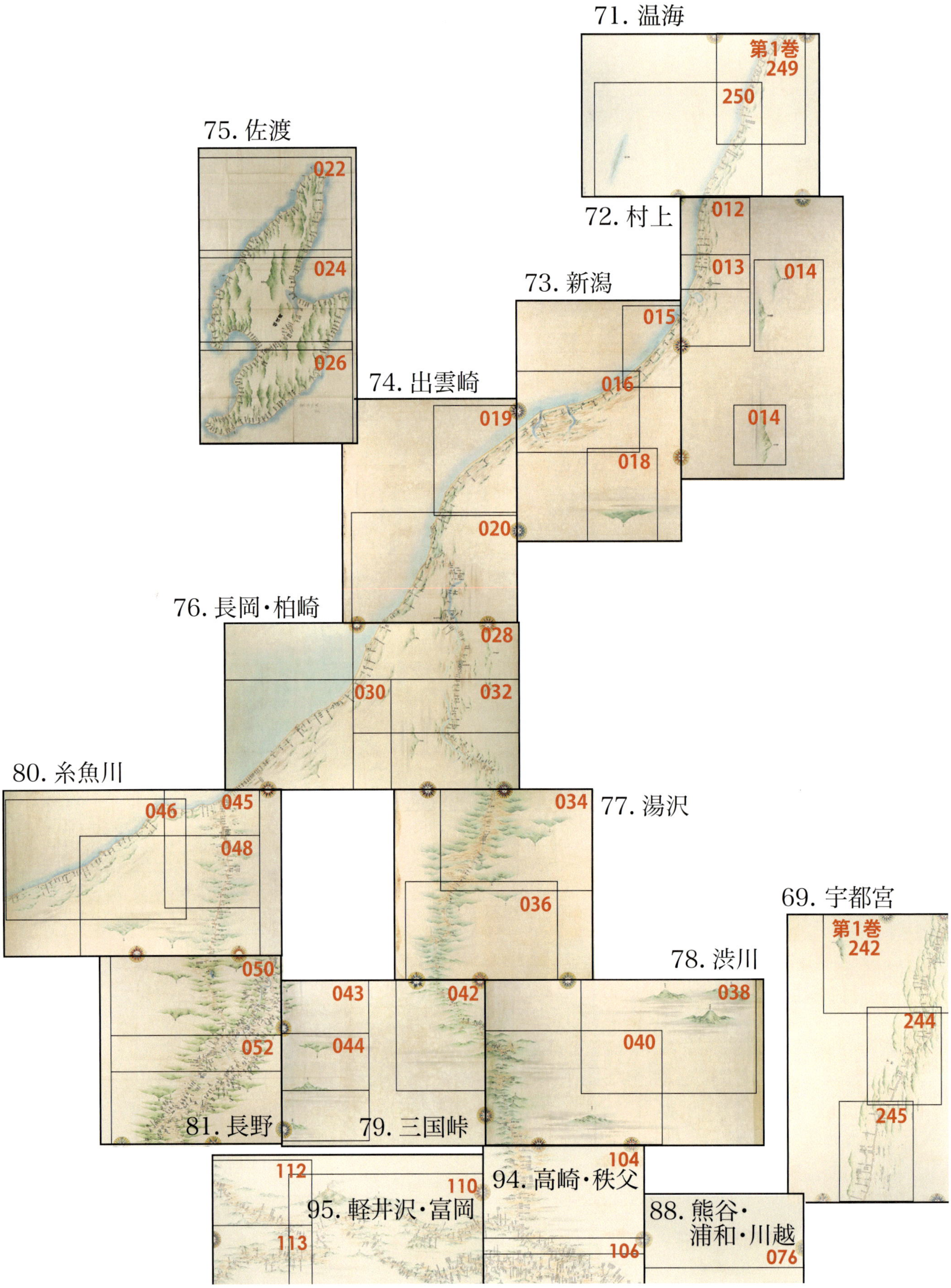

赤色の数字はページ数を表わす。

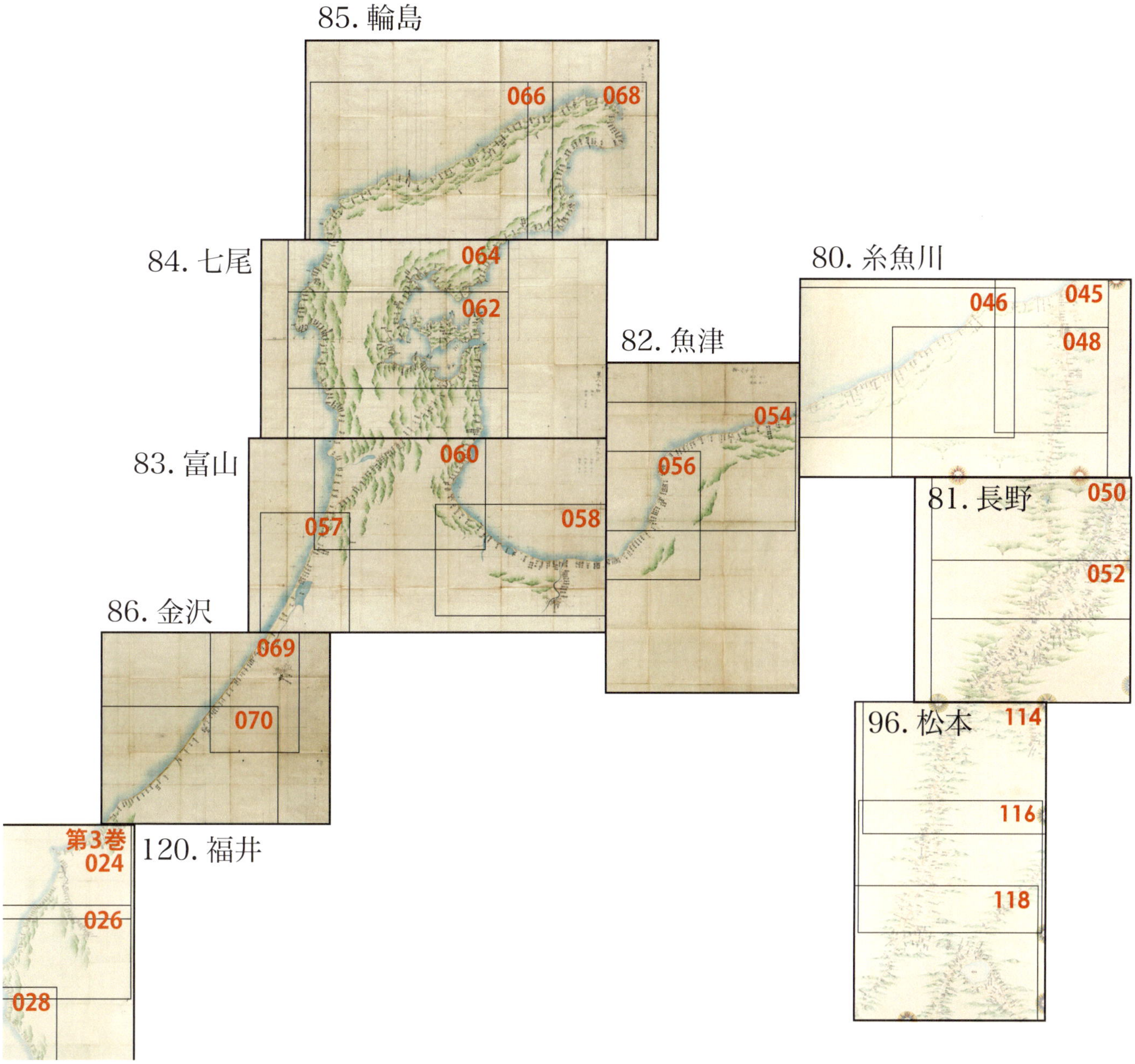

関東甲信越北半 大図索引図

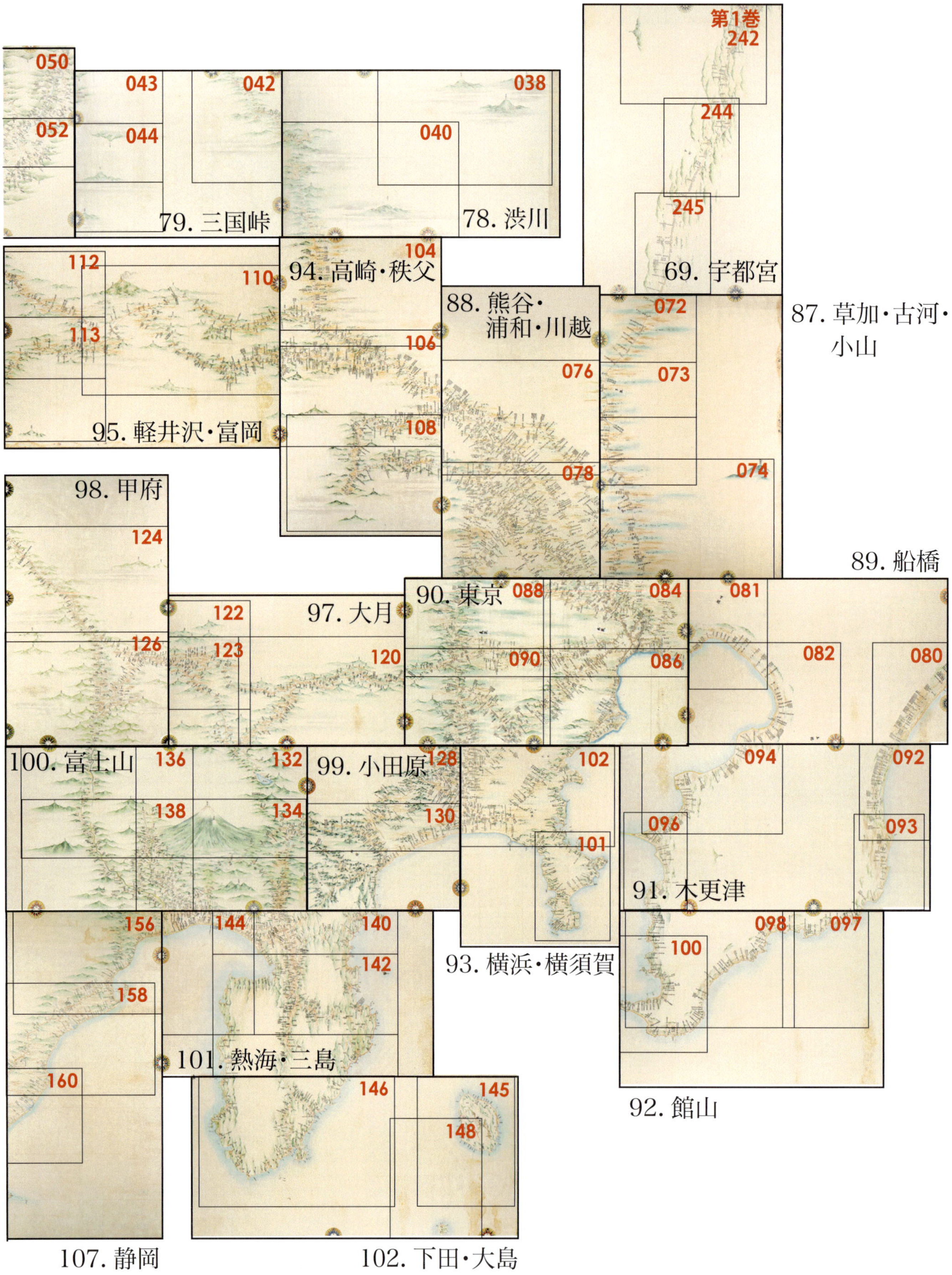
第1巻
242
244
245
69. 宇都宮
050
052
043
044
042
79. 三国峠
038
040
78. 渋川
112
113
110
95. 軽井沢・富岡
104
94. 高崎・秩父
106
108
88. 熊谷・
浦和・川越
076
078
072
073
074
87. 草加・古河・
小山
98. 甲府
124
126
122
123
97. 大月
120
90. 東京
088
090
084
086
89. 船橋
081
082
080
100. 富士山
136
138
132
134
99. 小田原
128
130
102
101
94
092
096
093
91. 木更津
156
158
160
144
140
142
101. 熱海・三島
93. 横浜・横須賀
098
097
100
92. 館山
146
145
148
107. 静岡
102. 下田・大島

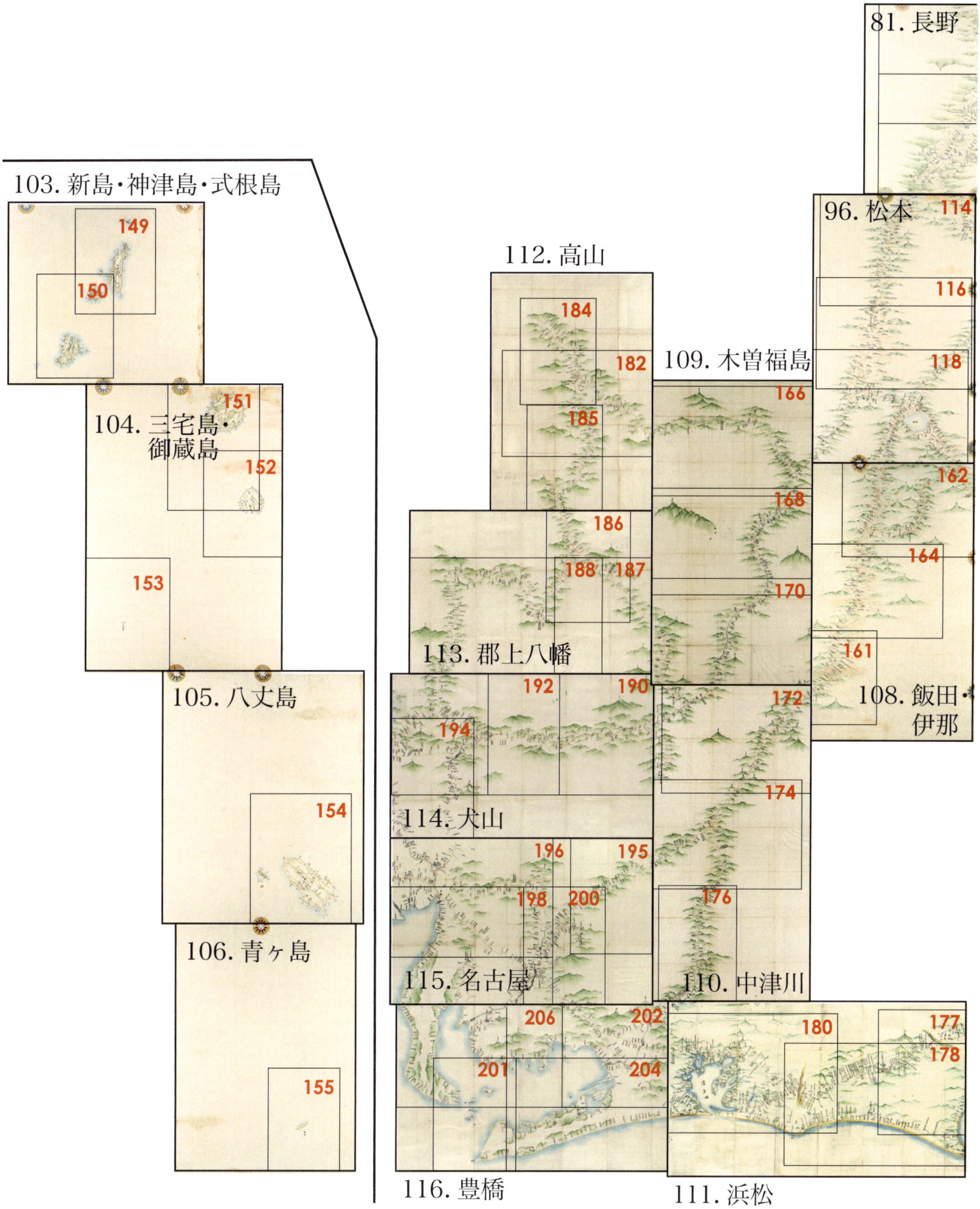

関東甲信越南半 大図索引図

桑川村
馬下村
早川村
御料所
吉浦村
内藤豊前守領分
柏尾村
内藤豊前守領分
間島村
御料所
野潟村
御料所
大月村
内藤豊前守領分
岩ヶ崎村
瀬波

第72号　村上（1）

 第72号　村上（2）

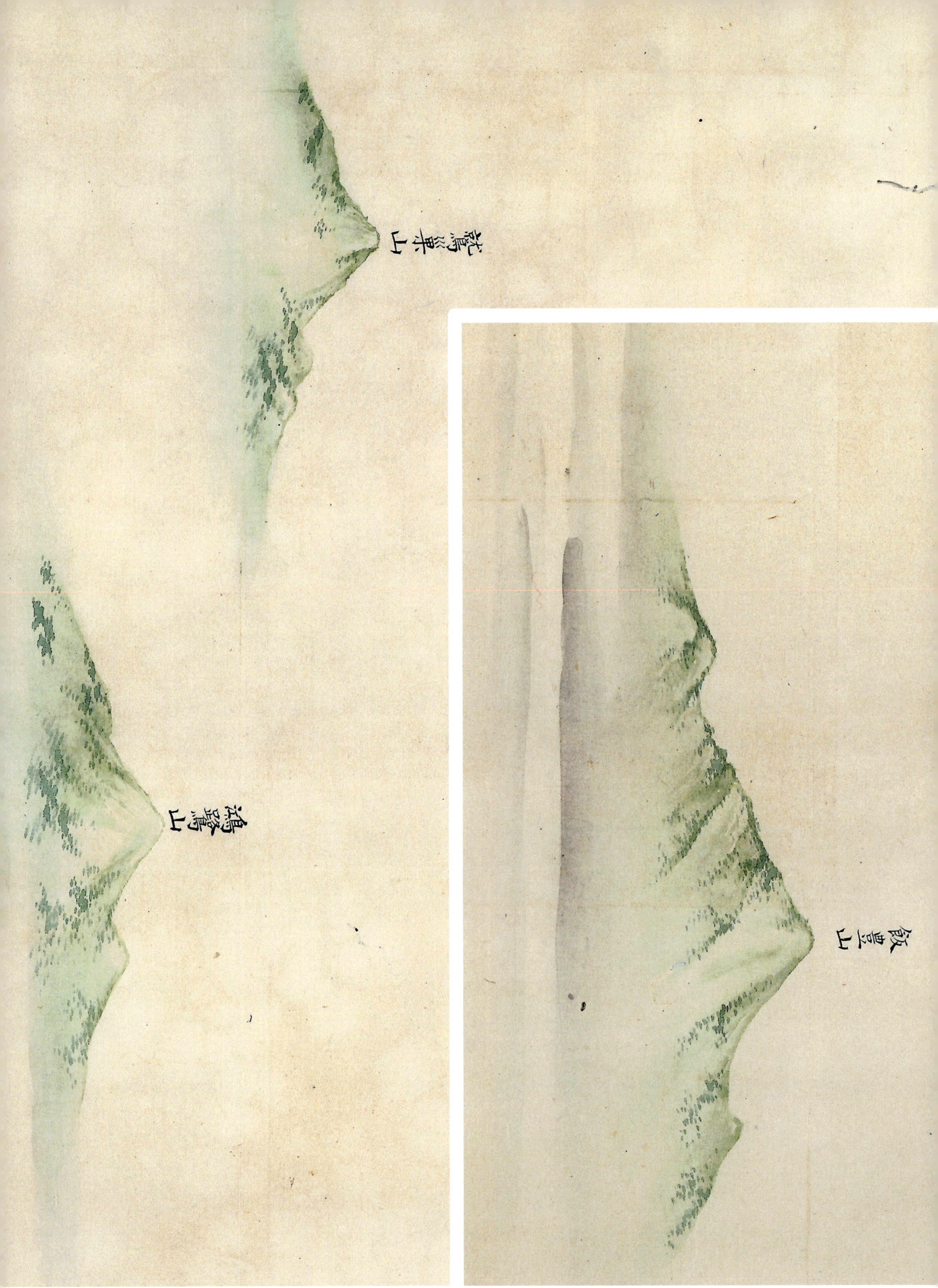
鷲巣山
鴻鷺山
飯豊山

第73号　新潟（1）

 第73号　新潟（2）

第73号　新潟（3）

第74号　出雲崎（1）

第74号　出雲崎（2）

鷲崎村
見立村
北小浦村
虫崎村
黒姫村
哥見村
浦川村
平松村
北松ヶ崎村
馬首村
和木村

第75号　佐渡（1）

梅津村
加茂村
片野尾村
月布施村
野浦村
東小浦村

 第75号 佐渡（2）

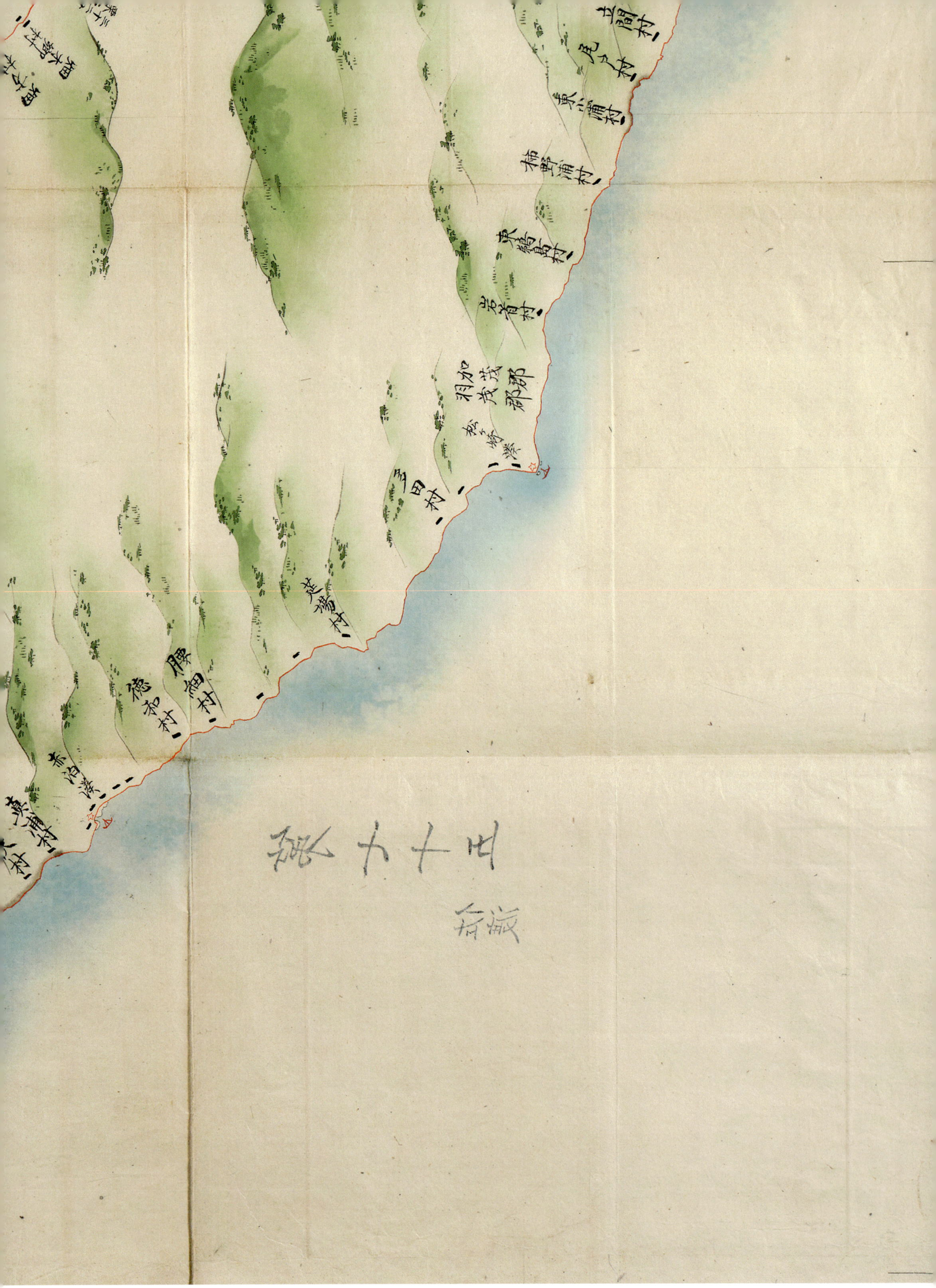
立間村
尾戸村
東小浦村
柿野浦村
東鵜島村
岩首村
加茂郡
羽茂郡
松ヶ崎湊
多田村
腰細村
徳和村
赤泊湊
畑本郷村
畑方村

長石村
新町
倉谷村
田切須村
西三川村
高崎村
椿尾村
小泊村
亀脇村
田ノ浦村
大石村
野崎村
赤泊村
大杉村
小木湊
宿根木村
深浦村
犬神平村
強清水浦

 第75号　佐渡（3）

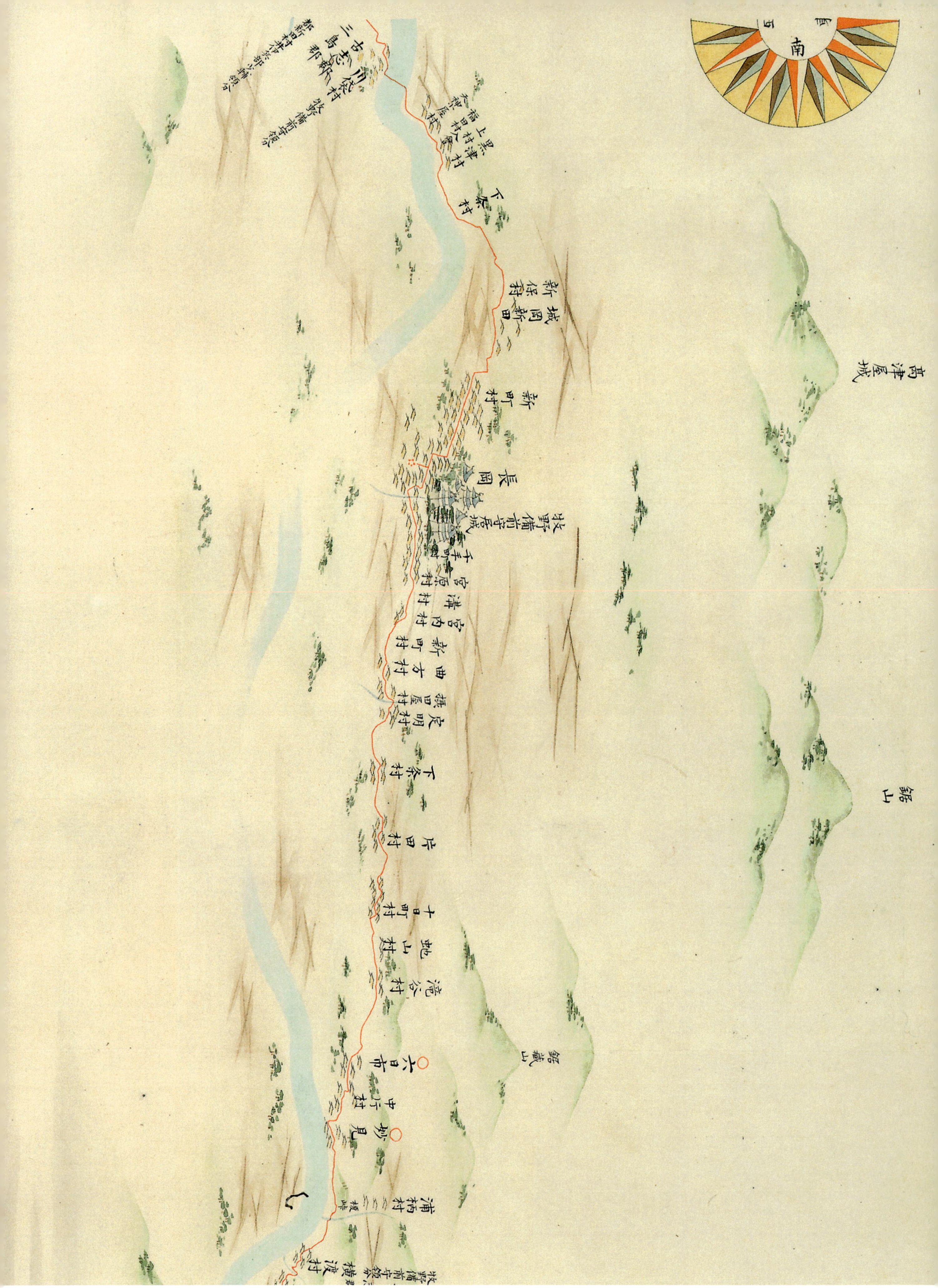
南
高津屋城
鋸山
新保村
城岡新田
新町村
長岡
牧野備前守居城
下条村
片田村
十日町村
蛇山村
滝谷村
六日市
妙見
浦瀬村
横渡村
川袋村
古志郡
三島郡

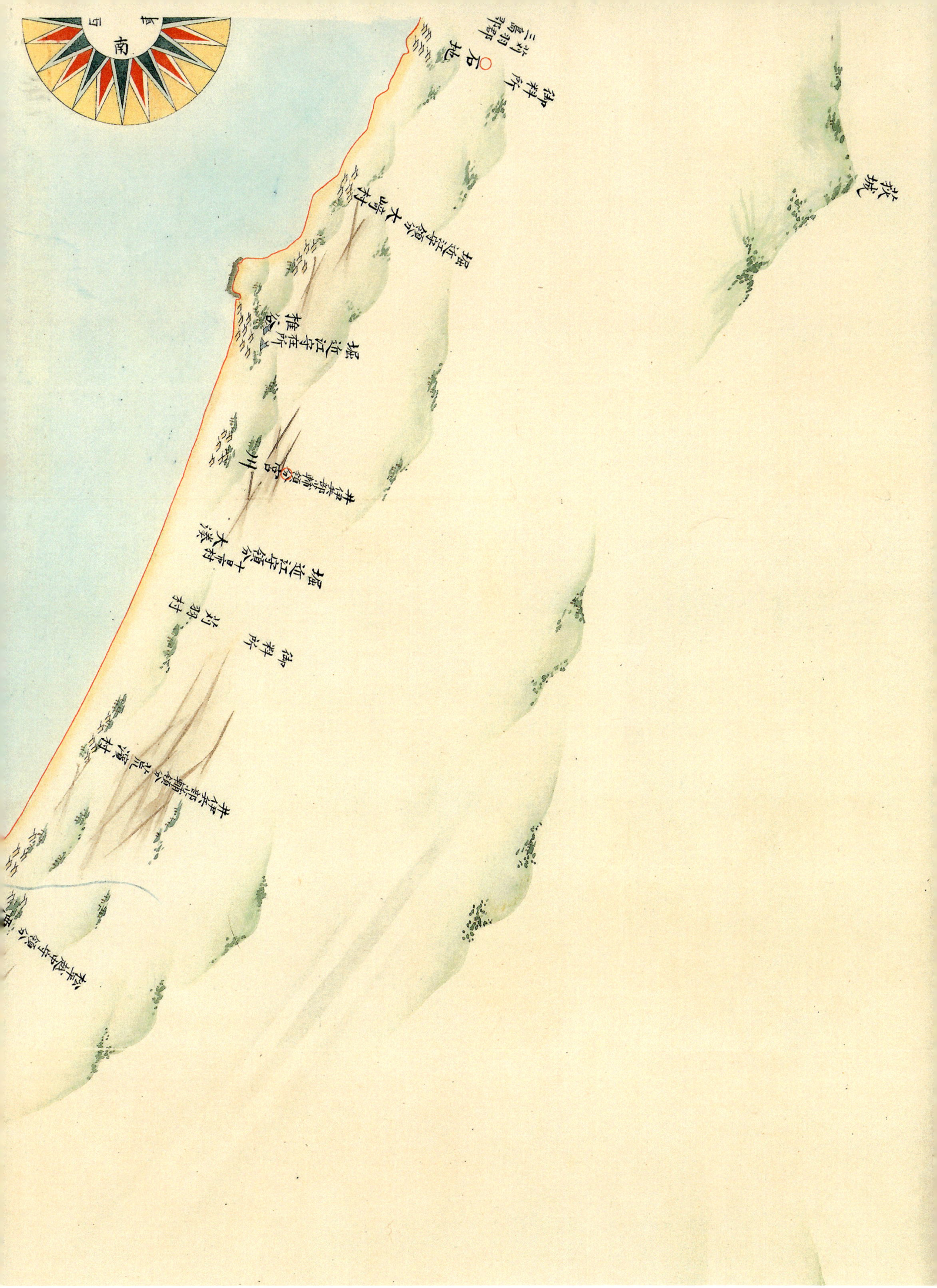

 第76号　長岡・柏崎（1）

第76号　長岡・柏崎（2）

片田村
十日町村
蛇山村
滝谷村
六日市
妙見
浦柄村
相川村
川口
中山村
信濃川
新道島村
下島村
徳田村
根小屋村
和南津村
田川村

時水山

032
034
036

第77号　湯沢（1）

第77号　湯沢（2）

日光山
中禪寺山

第78号 渋川（1）

042 038 040 104

吾妻郡
布施
利根郡
新巻
利根郡
羽場村
羽場村
下新田
利根川
御料所
塚原
上津村
利根郡
群馬郡
中山
御料所
中山峠
子持山
浅間山
御料所
横堀
北牧村
吾妻川
御関所
南牧村
御料所
金井村
渋川

第78号 渋川（2）

南
南
浅貝
上野國吾妻郡
越後國魚沼郡
三国権現
三國峠
永井
吹路村
猿ヶ京村
御関所
利根郡
吾妻郡
利根郡
相俣
吾妻郡
須川

笠山

笠山
白峯山

 第80号 糸魚川（1）

030
046 045
048

054 046 045
048

第80号　**糸魚川**（2）

046
045
048
050

第80号　**糸魚川**（3）

048
050
043
052

第81号　長野（1）

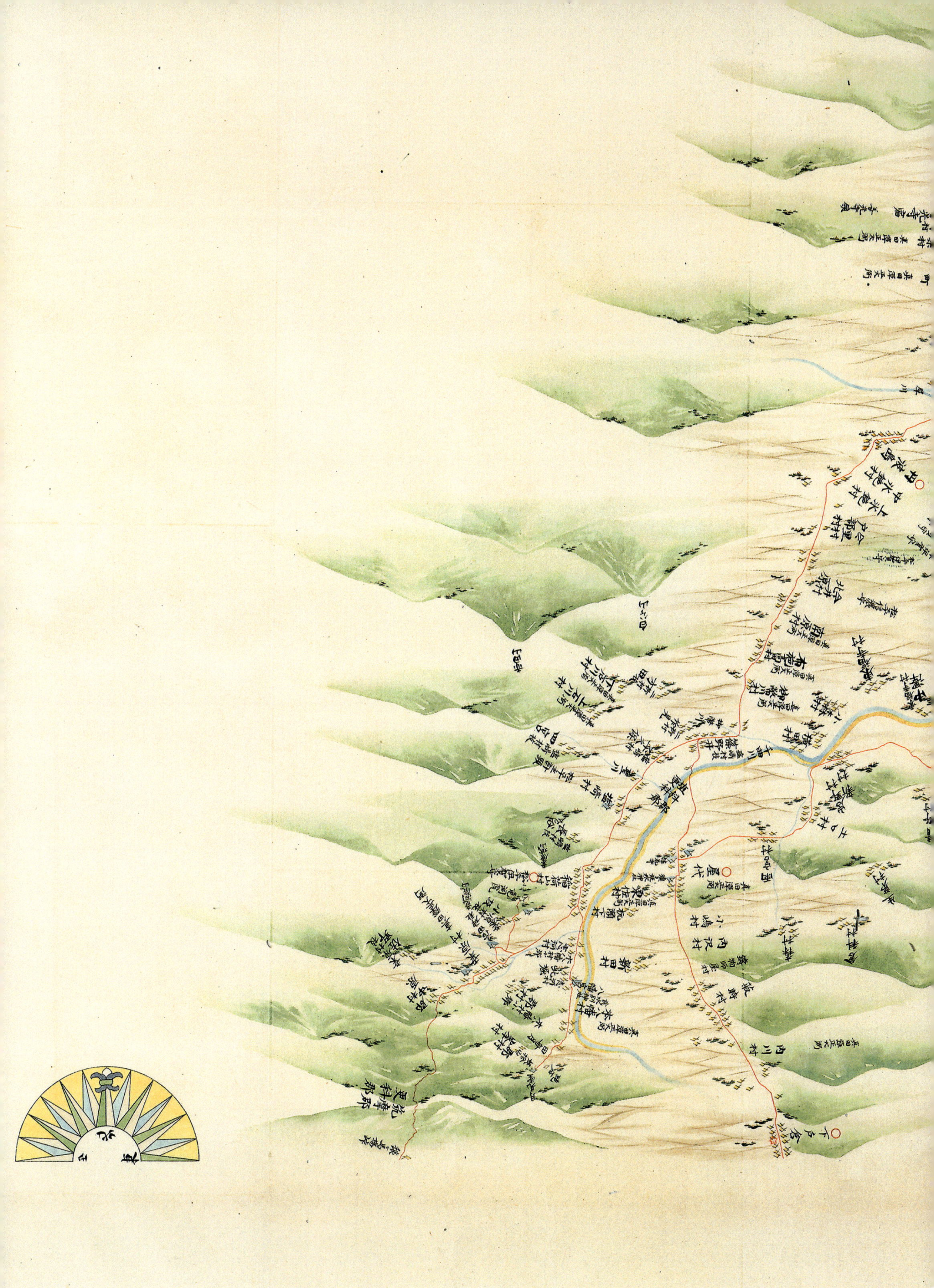

第81号　長野（2）

春日村
赤川村
東草野村
泊町
大屋村
横尾村
宮崎村
境町
越中國新川郡
越後國頸城郡
境川
市振
親不知

荒俣村
吉田村
芦崎村
生地新村
生地
堀切村
石田新村
濱石田村
濱経田村
岡経田村
佛田村
青島村
中江村
北鬼江村
下村木村
魚津

第82号　魚津（1）

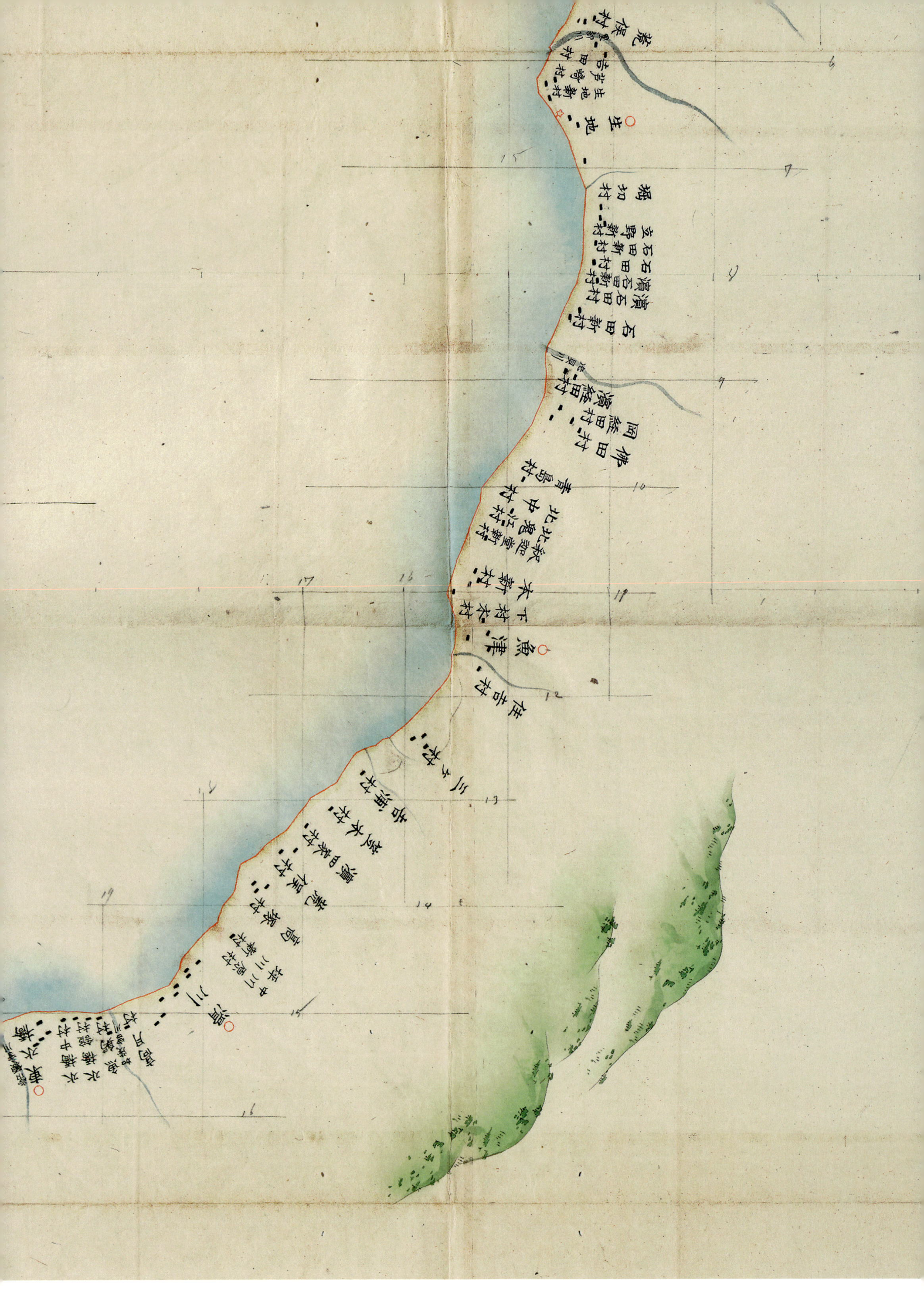
生地
魚津
住吉村
下村木村

第83号　富山（1）

松平出雲守居城
富山町
東田地方
奥田村
奥田下新村
奥田上新村
粟島村
中島村
城川原村
大坂村
上野新村
千原崎村
東岩瀬
神通川
草島村
婦負郡
新川郡
西岩瀬村
四方町
打出村
射水郡
打出本郷村
練合村
射水郡
婦負郡
海老江村
大村
田畑村
日方江村
黒崎
濱横越村
辻ケ堂村
西水橋村

第83号　富山（2）

062
060
057
058

第83号　富山（3）

能登國鹿島郡
津田村
大野木村
黒崎村
花園村
東濱村
大泊村
能登國鹿島郡
越中國射水郡
脇村

 第84号　七尾（1）

七海村
鵜川村
大田川村
古君村
宇加川村
前波村
沖波村
甲村
鹿波村
鹿島郡
能登島
向田村
長崎村
小浦村
野崎村
津田村
大野木村
江泊村

第84号　七尾（2）

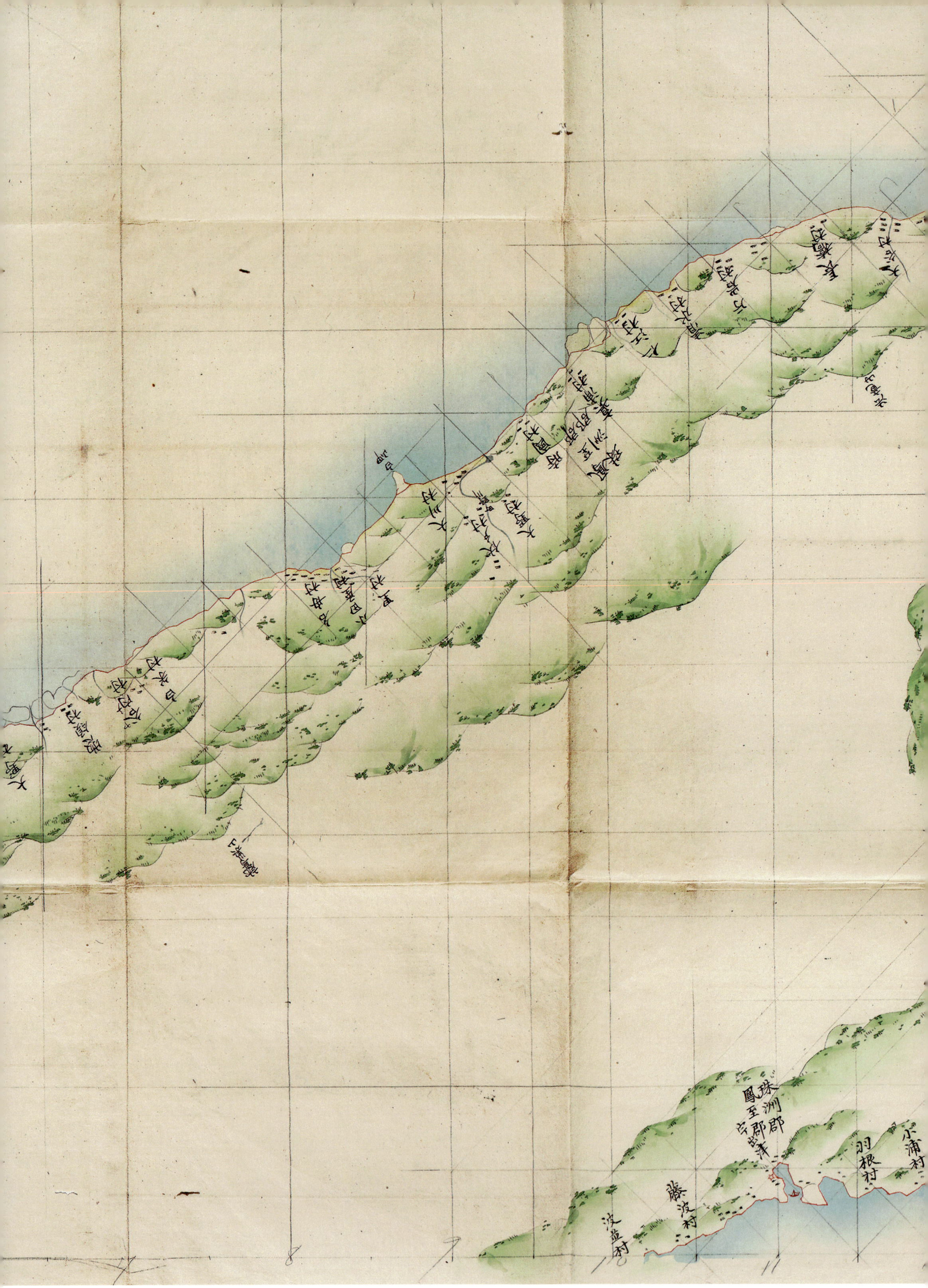
珠洲郡
鳳至郡
小浦村
羽根村
藤波村
波並村

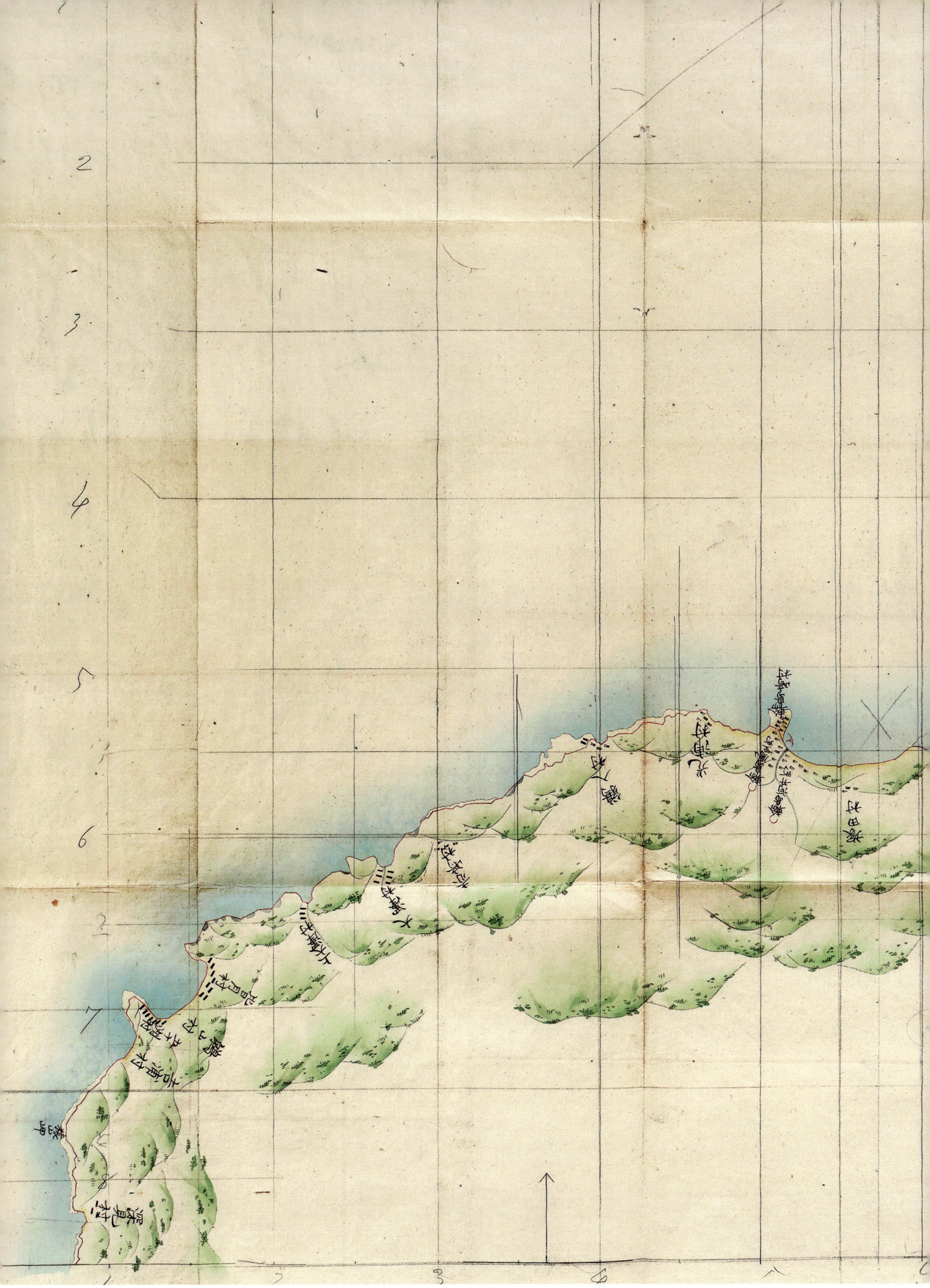

第85号　輪島（1）

寺家村
粟津村
森腰村
鹿野村
飯田村
北方村
正院村
川尻村
蛸島
南方村
鵜飼村
黒丸村
宗玄村
恋路村
松波村
小浦村
羽根村
真脇村
新保村
白丸村

第85号　輪島（2）

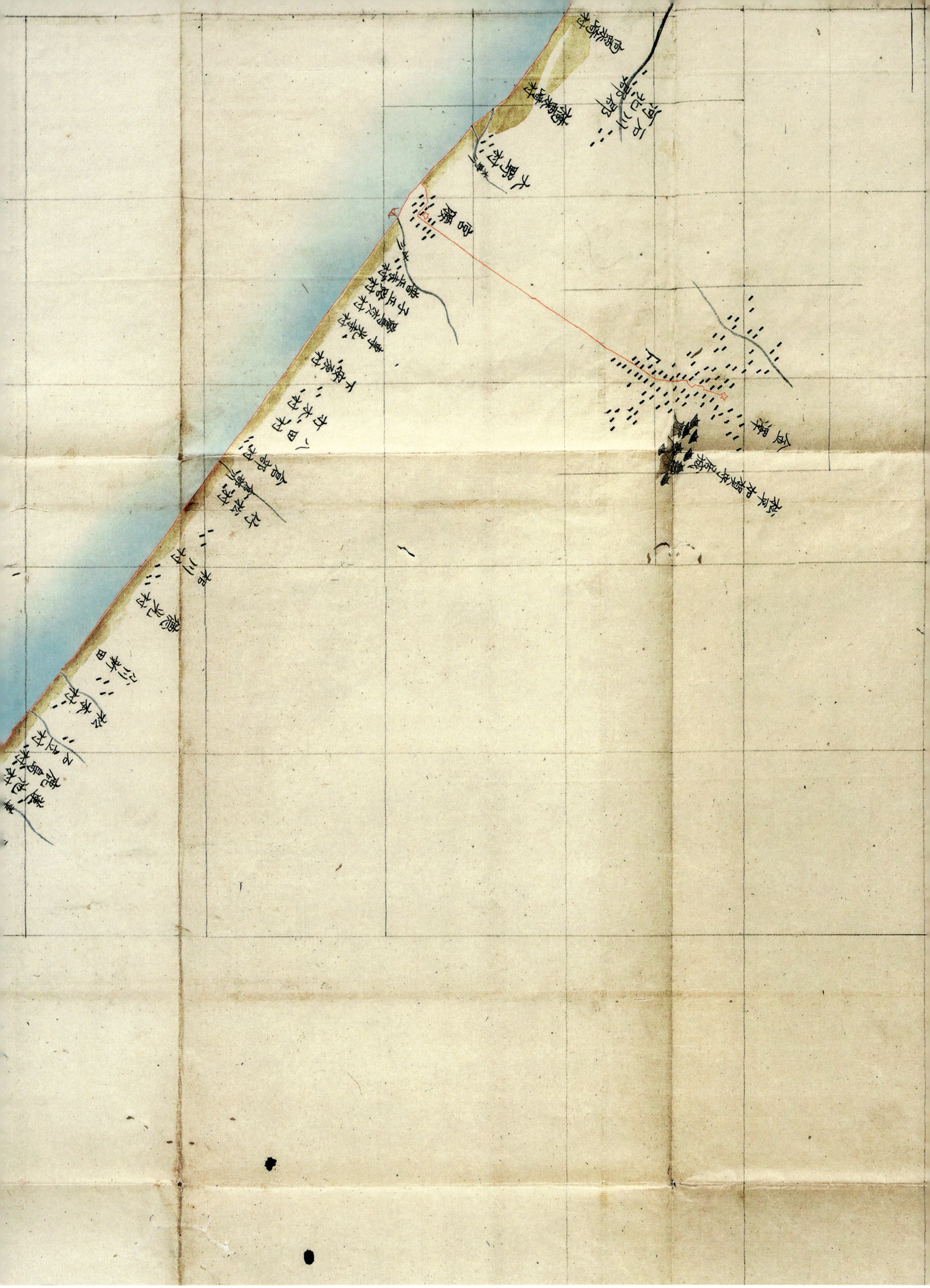

057
069
070

本吉

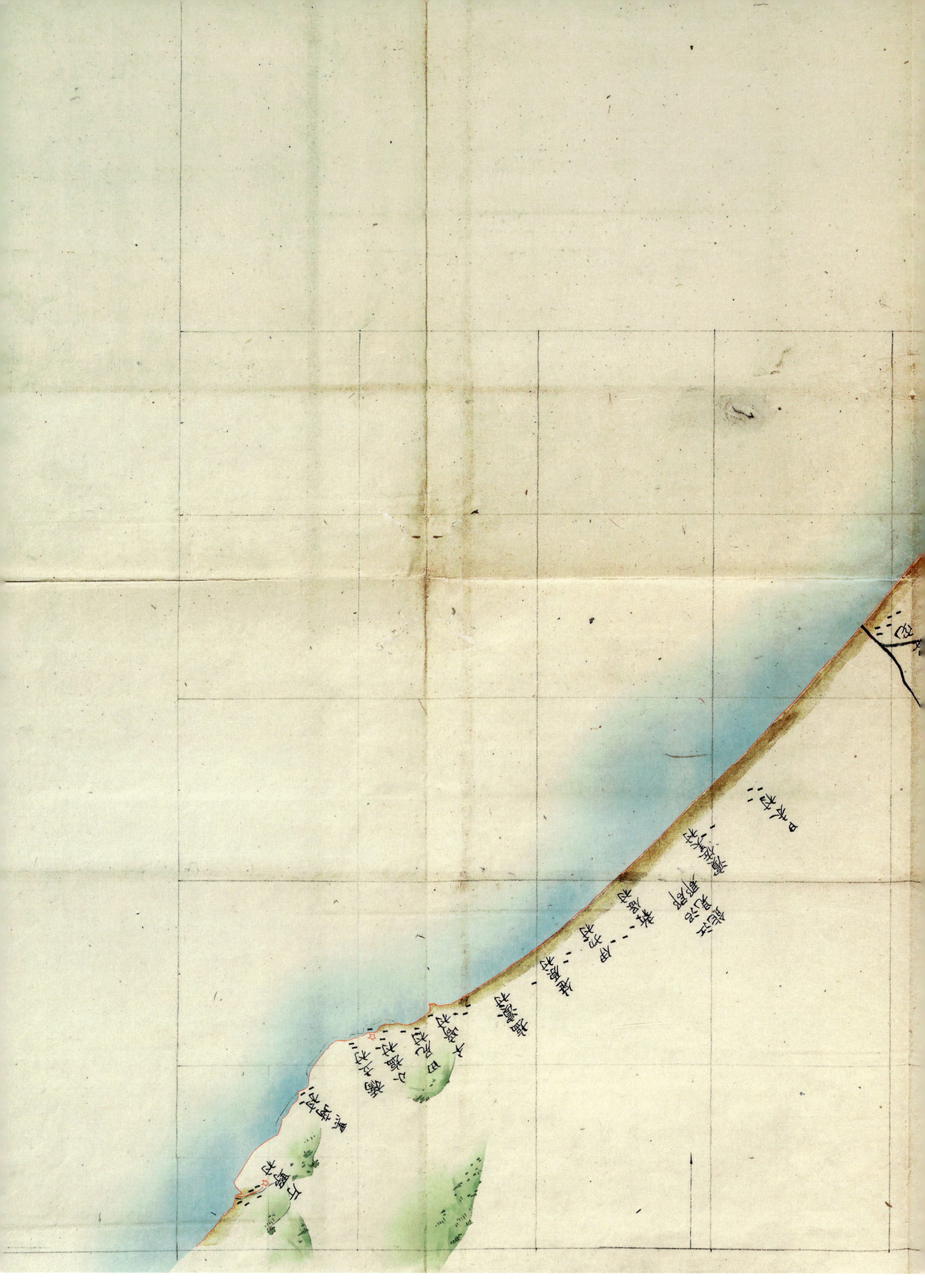

第86号　金沢（2）

第87号　草加・古河・小山（1）

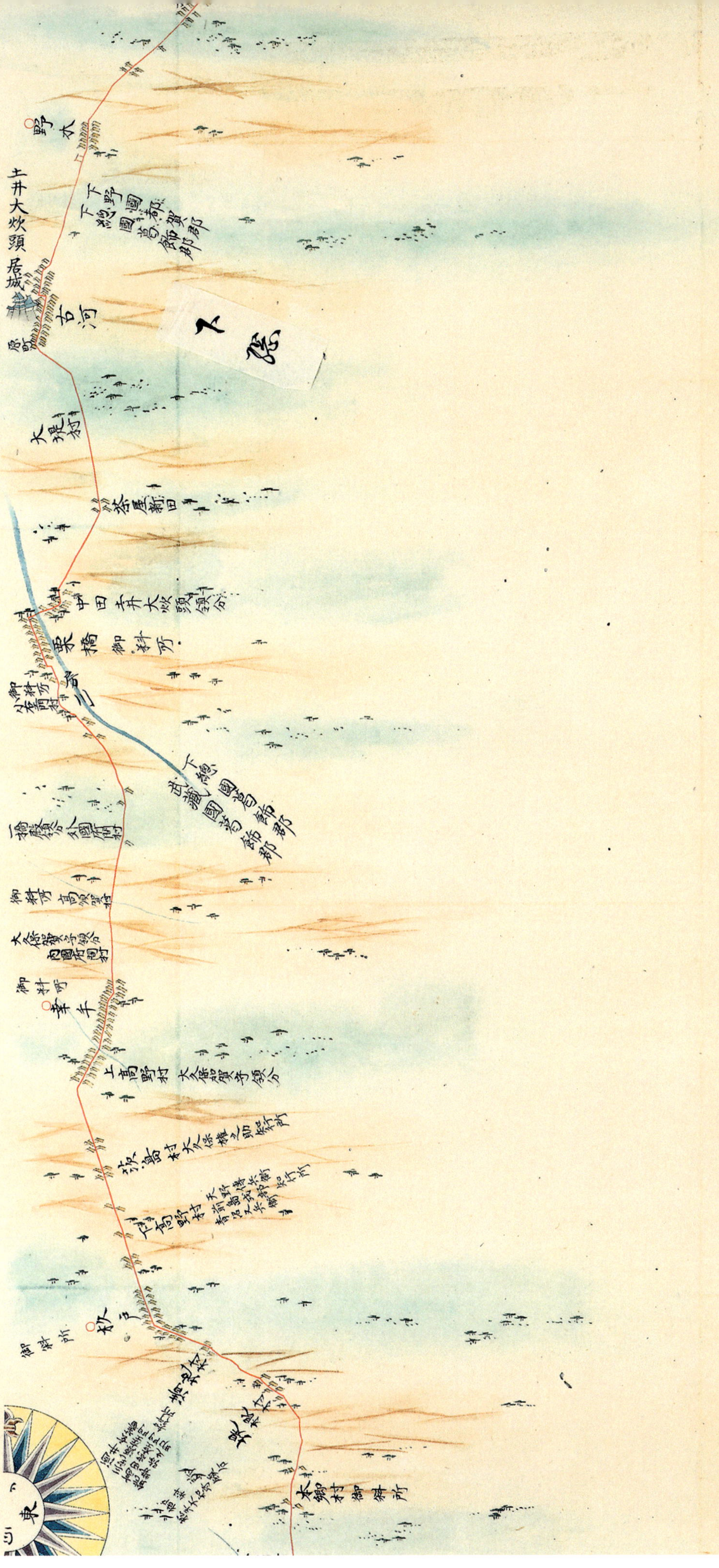
野木
古河
栗橋
幸手
杉戸

073
078 074
084 081

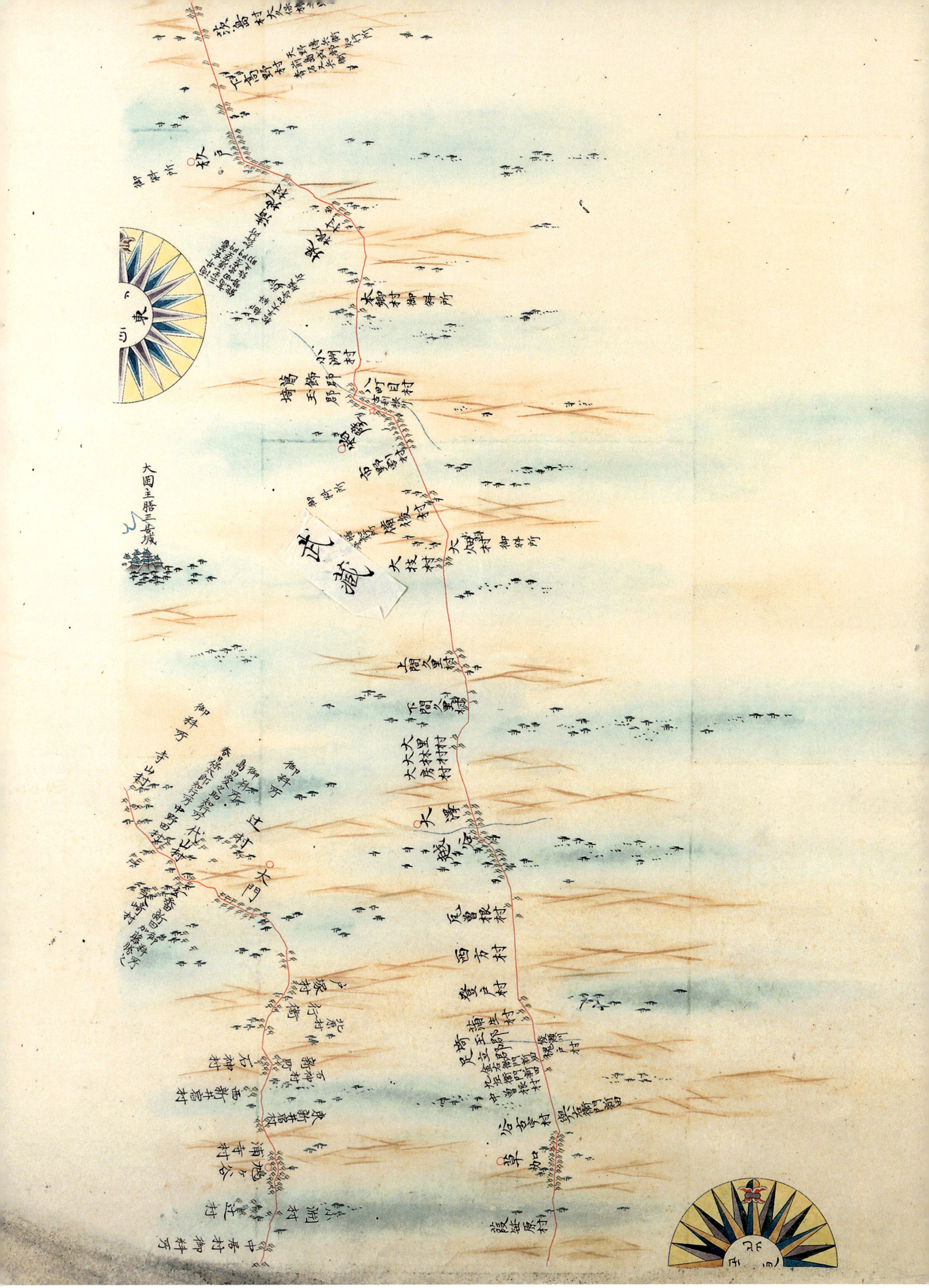

 第87号　草加・古河・小山（3）

松平大和守領分
大岡土佐守
神田数馬知行所
宮崎甚右衛門
数原玄策
外田ヶ谷村
前田半右衛門
彦坂九兵衛
菅沼越前守知行所
道地村
戸崎村
秋元左衛門佐領分
正能村
騎西町場
内田ヶ谷村
正木左近
會田伊右衛門
小笠原彦九郎知行所
久世忠右衛門
北根村
御料所
夏目内膳
人見高榮知行所
鴻茎村
秋元左衛門佐領分
秋元左衛門佐領分
安藤織部知行所
芋茎村
内藤外記知行所
戸崎村
内藤外記知行所
三箇村
堂村
御料所
平岡美濃守
徳永小膳知行所
松平大和守領分
樋口村
一橋殿領分
能勢土岐
目賀田肥前
南條田権右衛門
大田吉蔵知行所
一橋原村
除堀村
河原井村
一橋殿領分
徳永小膳知行所
篠津村
台岡村

第88号　熊谷・浦和・川越（1）

076 073
108 078 074
088 084

 第88号 熊谷・浦和・川越（2）

下總國匝瑳郡
上總國武射郡
木戸村
蓮沼村
栗山川
小松村
松ヶ谷村
井之内村
作田村
武射郡
山邊郡
小関村
田中新生村
片貝村
不動堂村
真亀村

南
下總
東
御料所
二俣村
西海神村
原木村
舟橋九日市
舟橋五日市
舟橋海神
高谷村
上妙典村
下妙典村
千葉郡
葛飾郡
谷津村
久々田村
鷺沼村
馬加
検見川
本行徳

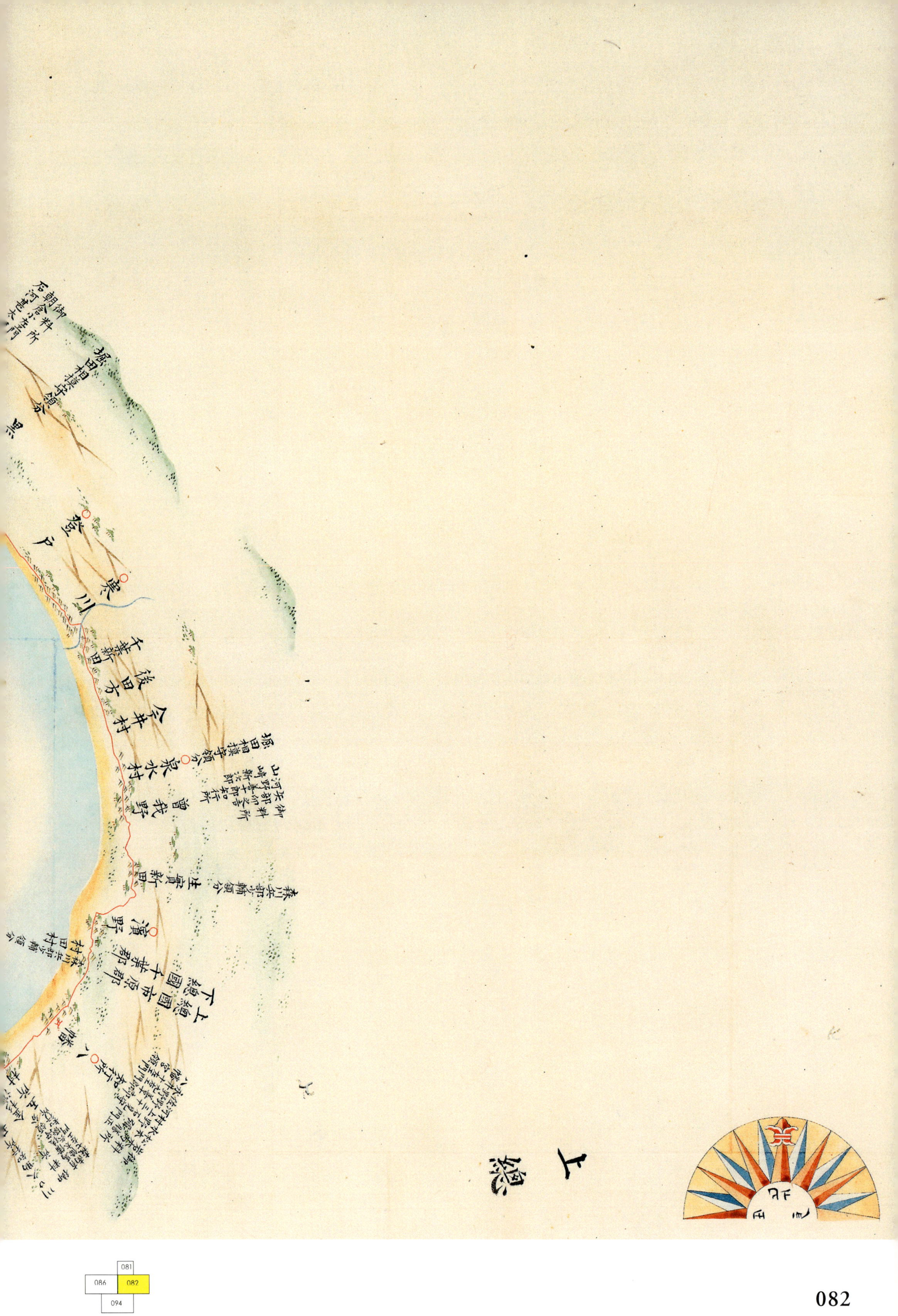

御料所
朝倉小左衛門
堀田相模守領分
登戸
寒川
千葉新田
後田方
今井村
堀田相模守領分
泉水村
曽我野
生實新田
濱野
上總國市原郡
下總國千葉郡
上總

上妙典村
谷村
下妙典村
本行徳
加藤新田
押切村
湊新田
湊村
欠真間村
新井村
當代島村
猫実村
千葉郡
葛飾郡
谷津村
久々田村
鷺沼村
御料
大久保八兵衛知行所
馬加
御料
町奉行組与力給地
吉田周悦知行所
林金五郎知行所
検見川
東

江戸
赤坂
深川
中川
砂村新田
利根川
堀江村
下総國葛飾郡
武藏國葛飾郡

武藏
野火止村
膝折村
溝沼村
廣澤原
新倉村
白子村
下新倉村
土支田村
練馬村
田柄村
上宿
中宿
大宿
上板橋村
板橋
金井窪村
浮間村
飯塚村
新座郡
豊島郡
御料所
上高井戸
上北澤村
下高井戸
和泉村
幡ヶ谷村
角筈村
内藤新宿
多摩郡
荏原郡
北野村
金子村
柴崎村
國領村
下布田村
給田村
烏山村
深大寺村
入間村
下仙川村
中仙川村
滝坂
横根村
世田ヶ谷
若林村
弦巻村
下北澤村
駒場野
上目黒村
三宿村
池澤村
下馬引澤村
野澤村
澁谷

088 084 081
090 086 082
102

 第90号　東京（2）

南
野火止村枝 東屋敷
大和田町
松平右京亮領分
坂下村 山田常之丞知行所
野火止村
松平右京亮領分
膝折村
御料所
片山村
羽田錠太郎知行所
武蔵
柴崎村
下和田
上谷保村
下谷保村
上谷保村
入會
六所宮領
御料所
府中
八幡宿
是政村
関屋塚
上染屋村
車返村
下染屋村
常久村
本宿村
小野宮
屋敷分村
四ツ谷村
上落川村
一ノ宮村
高幡村
三澤村
是政村
御料所
上石原村
下石原村
上飛田給村
下布田村
上布田村
布田小島分村
國領村
御料所
柴崎村
金子村
深大寺村
中仙川村
滝坂

大森村
二本木村
駒形村
高根村
石畑村
三ツ木村
五神村
川崎村
中里新田
熊川村
小川村
上河原村
中神村
大神村
平村
宮沢村
中野村
粟須村
新井村
駒木野
小佛
東

第90号　東京（3）

府中
八幡宿
下染屋村
車返村
上染屋村
是政村
關屋塚
常久村
本宿村
小野宮
四谷村
屋敷分村
高安寺
是政村
御料所
上石原村
下石原村
上飛田給村
上布田村
下布田村
布田小島分村
國領村
御料所
金子村
柴崎村
深大寺村
滝坂
上落川村
三澤村
高幡村
下落川村
一ノ宮村
長尾村
小山田村
図師村
山崎村
木曽村
根岸村
三輪村
本町田村
大谷村
原町田村
金森村
鶴間村
小川村
長津田村
恩田村
下谷本村
上谷本村
鉄村
大場村
荏田村
石川村
長坂
河井村
下鶴間村

小佛
駒木野
新井村
摺差村
武藏國多摩郡
相模國津久井縣
鑓水村
相原村
橋本村
市場村

今泉村
中里村
一松郷
東浪見村
中原村

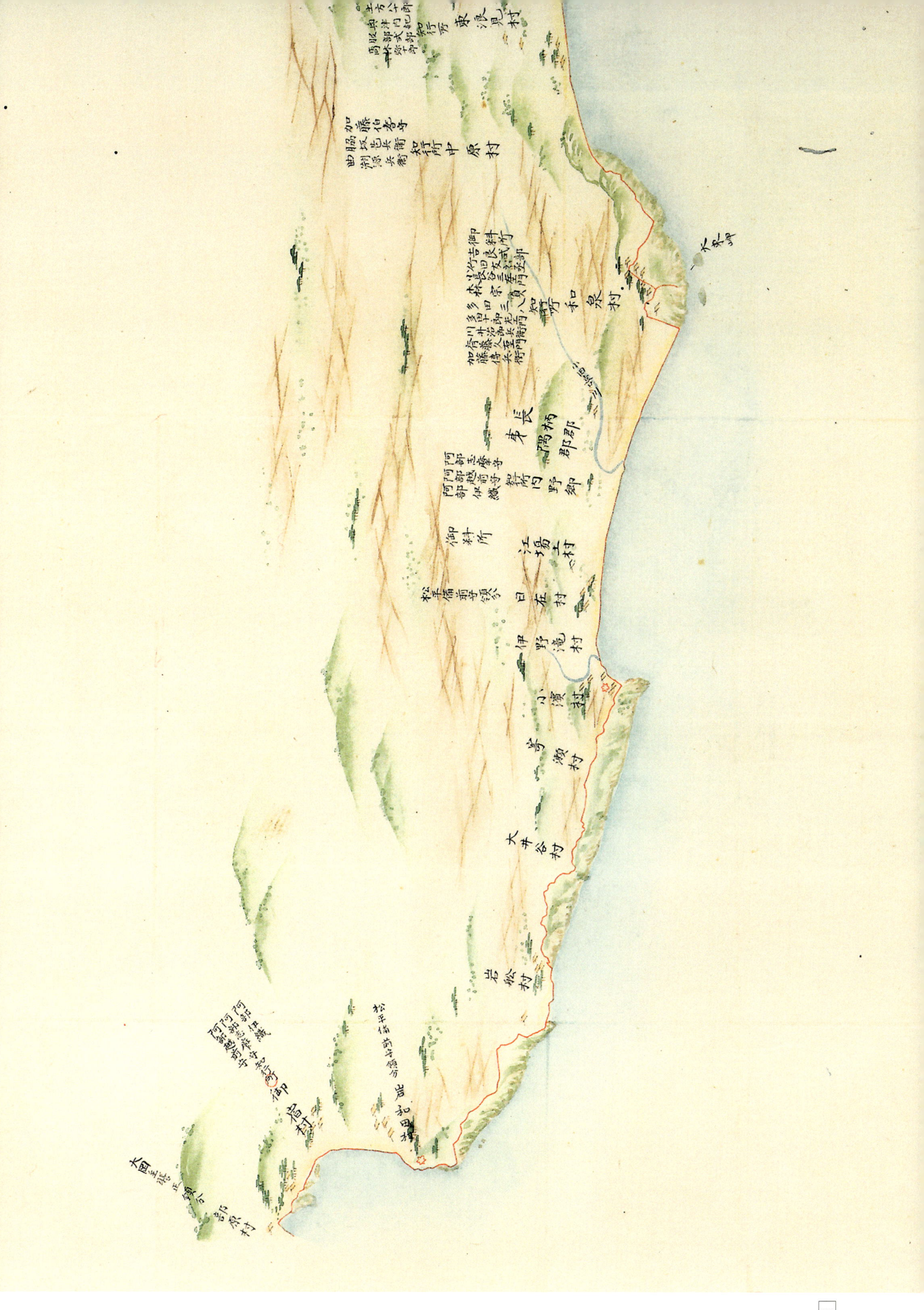

第91号　木更津（2）

第91号　木更津（3）

第91号　木更津（4）

南
大岡主膳正領分
濱萩村
大岡主膳正領分
天津村
大岡主膳正領分
内浦村
誕生寺領
小湊村
上總國夷隅郡
安房國長狹郡
御料所
大澤村
御料所
板橋右近知行所
行川村
御料所
奥津村
御料所
守谷村
大岡主膳正領分
鵜原村
松部村
串濱村
墨名村
大岡主膳正領分
勝浦村
川津村

大岡主膳正領分
天津村
大岡主膳正領分
濱荻村
東條村
大岡主膳正領分
横渚村
前原町
餘瀬村
町
磯村
御料所
岡波太村
濱波太村
天面村
長狭郡
朝夷郡
江見村
青木村
本多駒之助知行所
内遠野村
織田大膳
大島雲平知行所
眞門村
花園村
柴村
仁我浦村
和田村
松平織部知行所
東浦村
白渚村
海発村
村

第92号　館山（2）

第92号 館山（3）

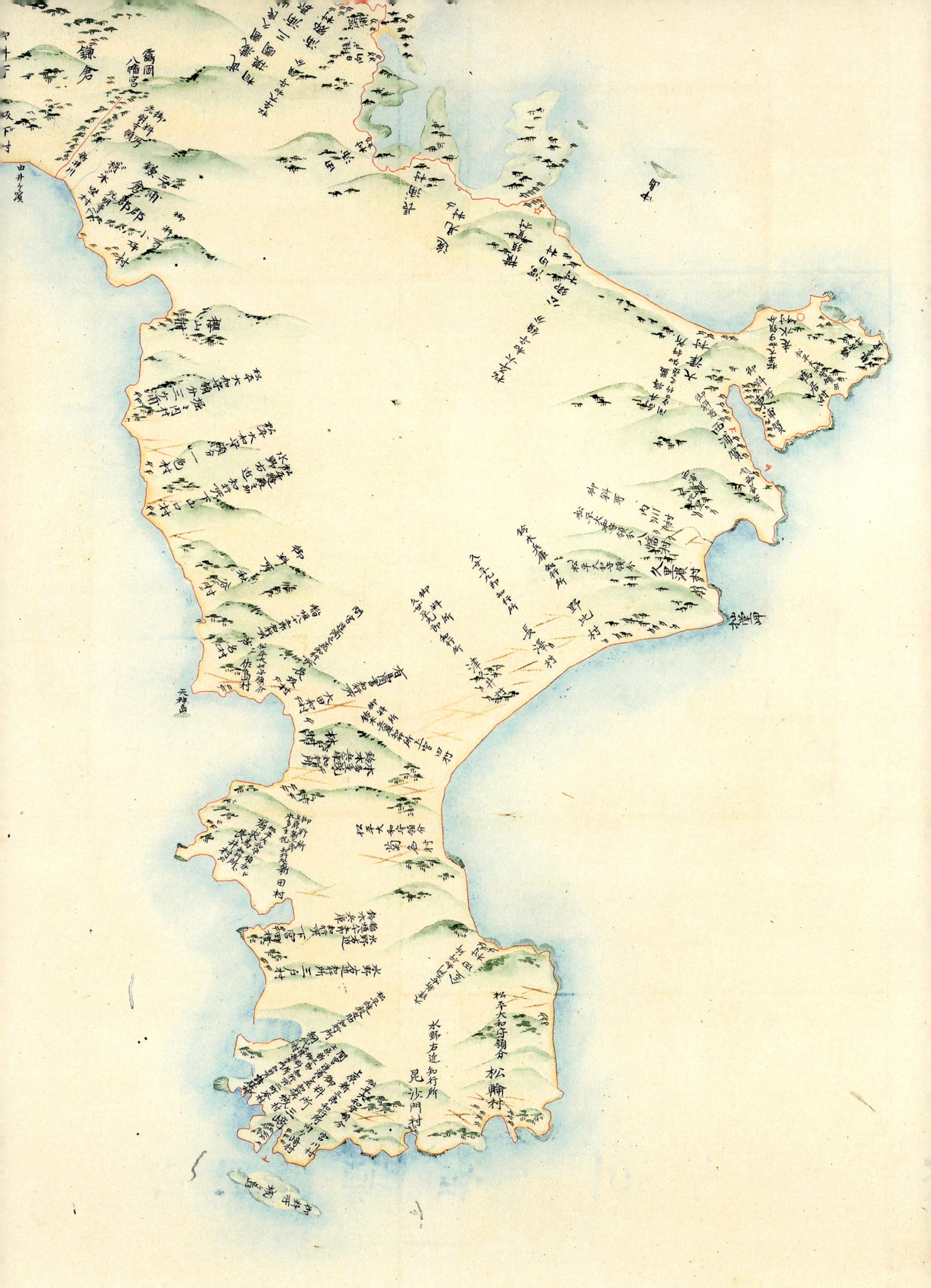

 第93号　横浜・横須賀（1）

090 086
128 102
101

鶴間野
瀬谷村
武蔵國 相模國 境
早川村
厚木町
戸塚
藤澤
相模
高座郡
鎌倉郡
大住郡
大庭村
稲荷村
羽鳥村
辻堂村
小和田村
茅ヶ崎村
南湖
柳島村
中島村
今宿村
田端村
宮山村
鵠沼村
片瀬村
腰越村
坂下村
江島
稲村岬

南
西
御料所
武藏國

南
御料所
高崎
倉賀野
板鼻
中宿村
板倉伊豫守領分
八幡村
藤塚村
上豊岡村
下豊岡村
中豊岡村
群馬郡
碓氷郡
赤坂村
松平右京亮居城
松平右京亮領分
大新田村
岩鼻村
緑埜郡
中島村
立石新田
上飯塚村
大八木村
福島村
中泉新田
三ッ寺村
棟高村
中里村
足門村
金古
池端村
南下村
北下村
下野田村
上野田村
小倉村
有馬村

第94号　高崎・秩父（1）

武藏國賀美郡
上野國緑埜郡
本庄
御料所
深谷
児玉郡
賀美郡
榛沢郡
幡羅郡
枚山村
小島村
石神村
金窪村
五明村
堤村
藤木戸村
長浜町
安保町
横町村
七本木村
小新田
京塚
久城村
大御堂村
傍示堂村
牧西村
四田村
滝瀬村
岡部村
山川村
普済寺村
東大沼村
原郷村
萱場村
御料所
國済寺村
御料所
長在家村
瀬山村
下原村
上原村
菅沼村
永田村
新田
田中村
荒川村
小前田新田
櫻澤村
飯塚村
寄居村
黒田村
末野村
金尾村
折原村
御料所
矢那瀬村
阿部鉄丸領分

賀野
倉賀野宿
大王子
岩鼻村
佐野村
緑埜郡
群馬郡
中島村
立石村 御料所
立石新田
藤岡町
上戸塚村
中大塚村
上大塚村
鮎川村
緑埜村
黒熊村
多胡郡
白石村
小串村
馬庭村
池村
岩井村
小暮村
塩川村
本郷村
岩崎村
小棡村
甘楽郡
造石村
庭屋村
坂口
福嶋町
星田村
君川村
曽木村
白倉村
多井戸村
天引村
吉井宿
長根村
矢田村
石神村
川内村
小林村
武蔵國賀美郡
上野國緑埜郡
上郷村
天引山
東

第94号　高崎・秩父（2）

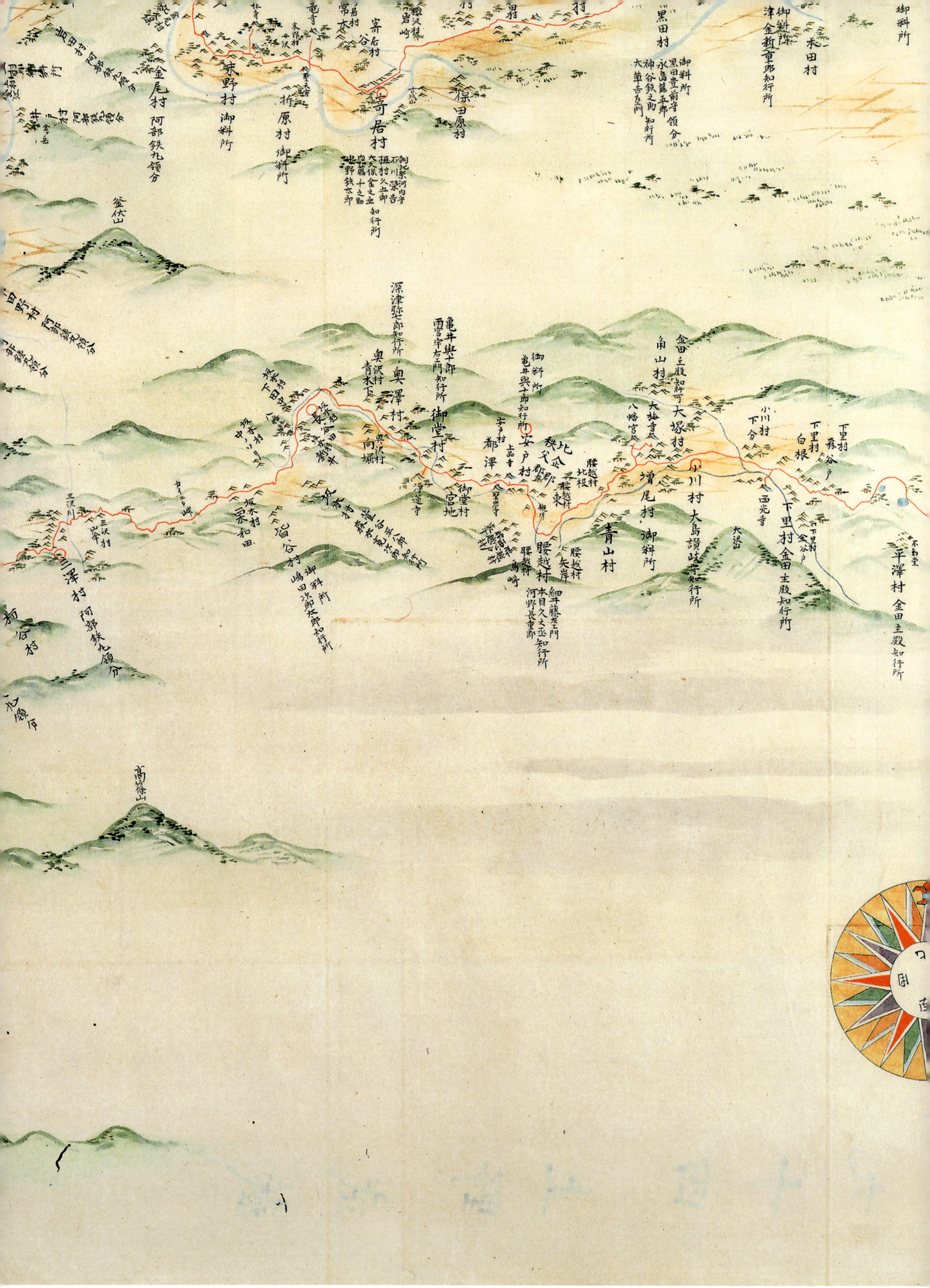

御料所
本田村
御料所
津金新重郎知行所
黒田村
御料所
黒田豊前守領分
永島藤五郎
神谷鉄之助知行所
大草吉左衛門
保田原村
寄居村
寄居村
金尾村
阿部鉄丸領分
末野村
御料所
折原村
御料所
釜伏山
深津弥左衛門知行所
亀井與十郎
西宮宇右衛門知行所
奥沢村
奥澤村
御堂村
向堀
御料所
亀井與十郎知行所
安戸村
都澤
秩父郡
比企郡
腰越村
矢岸
青山村
角山村
金田主殿知行所
大塚村
八幡宮
大梅寺
小川村
大島讃岐守知行所
増尾村
御料所
下里村
金田主殿知行所
白根
大沼
西光寺
平澤村
金田主殿知行所
三澤村
阿部鉄丸領分
皆谷村
御料所
嶋田次郎太郎知行所
腰越村
細井藤左衛門
本目久之丞知行所
河野長重郎
坂本村
高篠山

第94号　高崎・秩父（3）

坂本宿
羽根
坂本
原村
横川村
五料村
新堀村
松井田
赤木村
妙義山
八城村
松平宮内少輔領分
行田村
郷原村
琵琶窪
原市村
八本木
簗瀬村
高別当村
谷津村
上野尻村
下野尻村
安中
黒川村
前田大和守領分
七日市村
前田大和守在所
富岡町
屋敷村
神成村
宮崎村
高瀬村
南蛇井村
小林村
神農原村
大島村
田島村
桜沢
小坂村
上小坂
御料所
大平村
関口
下仁田町
吉崎村
馬山村
松前若狭守領分
本宿村
藤井村
坂詰村
森平村
小笠原若狭守知行所

浅間嶽
剣峯
上野國碓氷郡
信濃國佐久郡
軽井沢
沓掛
御料所
追分
借宿村
油井村
馬瀬口村
平原村
柏木村
加増村
上塚原村
平塚村
下塚原村
岩村田
八幡山

 第95号　軽井沢・富岡（1）

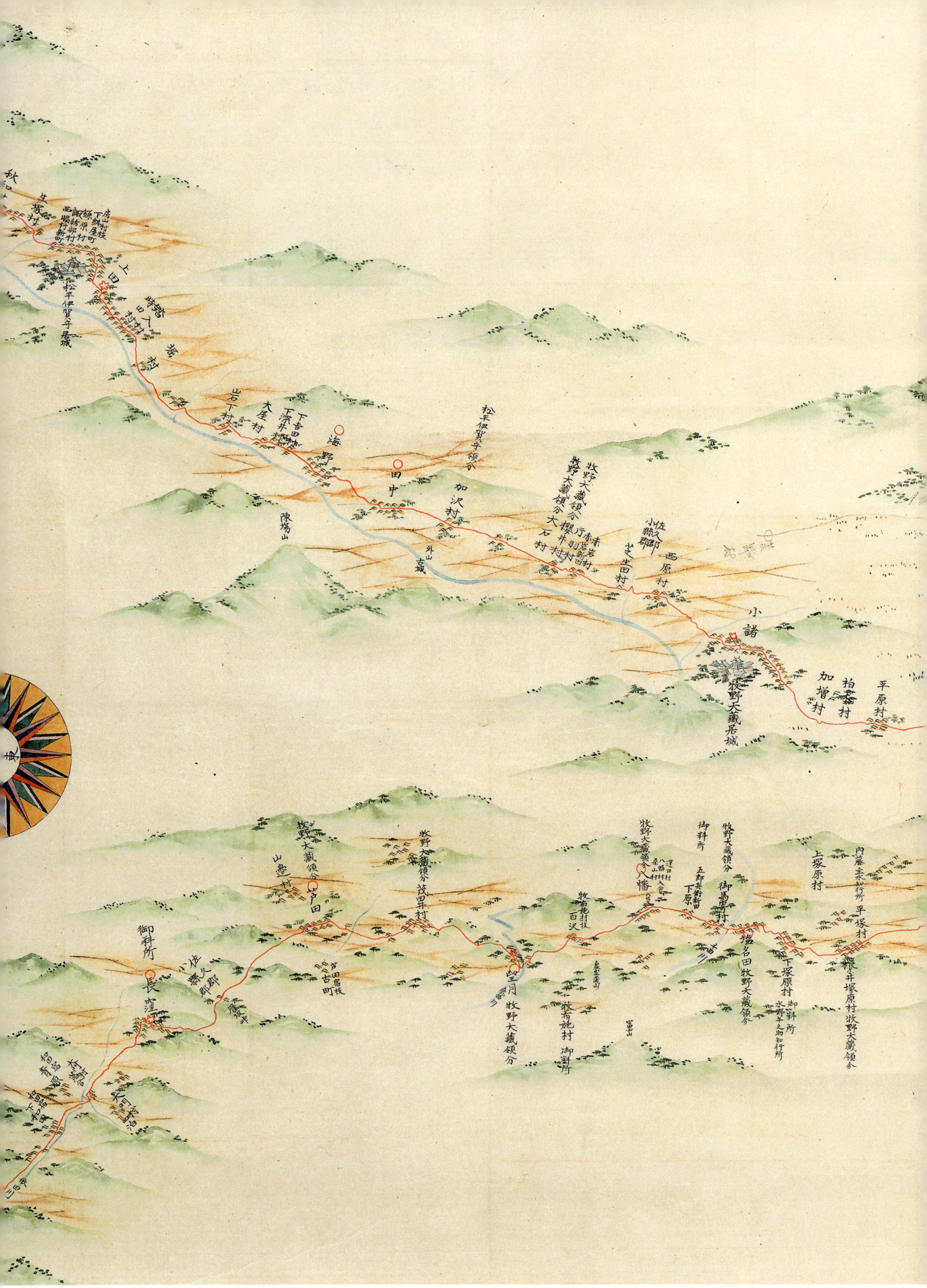
上田
松平伊賀守居城
海野
田中
加沢村
陣場山
牧野大蔵領分
芝生田村
西原村
小諸
牧野大蔵居城
加増村
平原村
長窪
御料所
芦田
茂田井村
望月
八幡
塩名田
御馬寄村
上塚原村
下塚原村
平塚村

小諸
牧野大藏居城
加増村
柏木村
平原村
生田村
原村
御料所
長窪
佐久郡
小縣郡
牧野大藏領分
戸田
茂田井村
望月
八幡
御馬寄村
塩名田
平塚村
上塚原村
下塚原村
根井塚原村
立科山

福井村
坂木
中之条村
横尾村
金井村
御料所
新地村
上塩尻村
小県郡
埴科郡
下塩尻村
松平伊賀守領分
古城跡
冠者山
諏訪山
御料所
市野川村
上平村
麻績宿
梶浦
西

第96号　松本（1）

和田宿
久保
和田宿
原
御料所
和田
和田宿
鍛冶足
和田宿
大出
和田宿
唐沢
和田宿
峠茶屋
小縣郡
諏訪郡
和田峠
下原村
餅屋
下原村
樋橋

第96号　松本（2）

諏訪湖
高嶋
上諏方
下諏方
高木村
大和村
有賀村
大出村
小和田村
諏訪因幡守居城
赤沼村
上原村
神戸村
中金子村
上金子村
橋原村
今井村
東堀村
西山田村
岡谷村
樋橋
小県郡
諏訪郡
神宮寺山
西

村井町村
小俣村
吉田村
野村
小池村
内田村
郷原町村
塩尻
洗馬
桔梗原
大門村
長畝村
柿沢村
金井村
上西条村
下西条村
平出村
床尾村
牧野村
本山
日出塩村
片平
若神子
新倉村
赤羽村

第96号　松本（3）

123 120 090
132

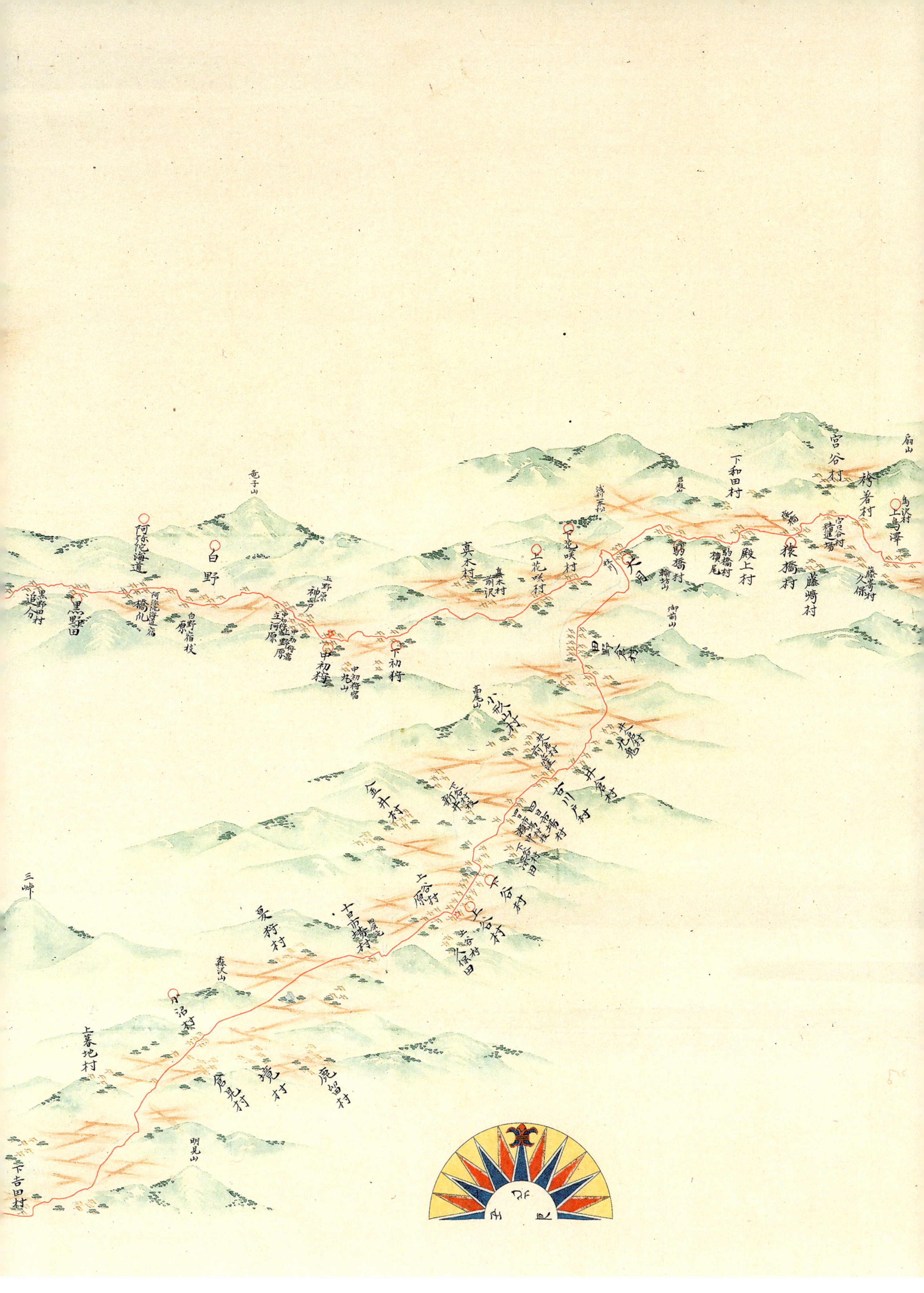
宮谷村
下和田村
袴着村
上鳥澤
殿上村
猿橋村
藤崎村
駒橋村
大月
下花咲村
上花咲村
真木村
中初狩
下初狩村
白野
阿弥陀海道
黒野田
追分
小沼村
上暮地村
境村
下吉田村
三峠
明見山

第97号　大月（1）

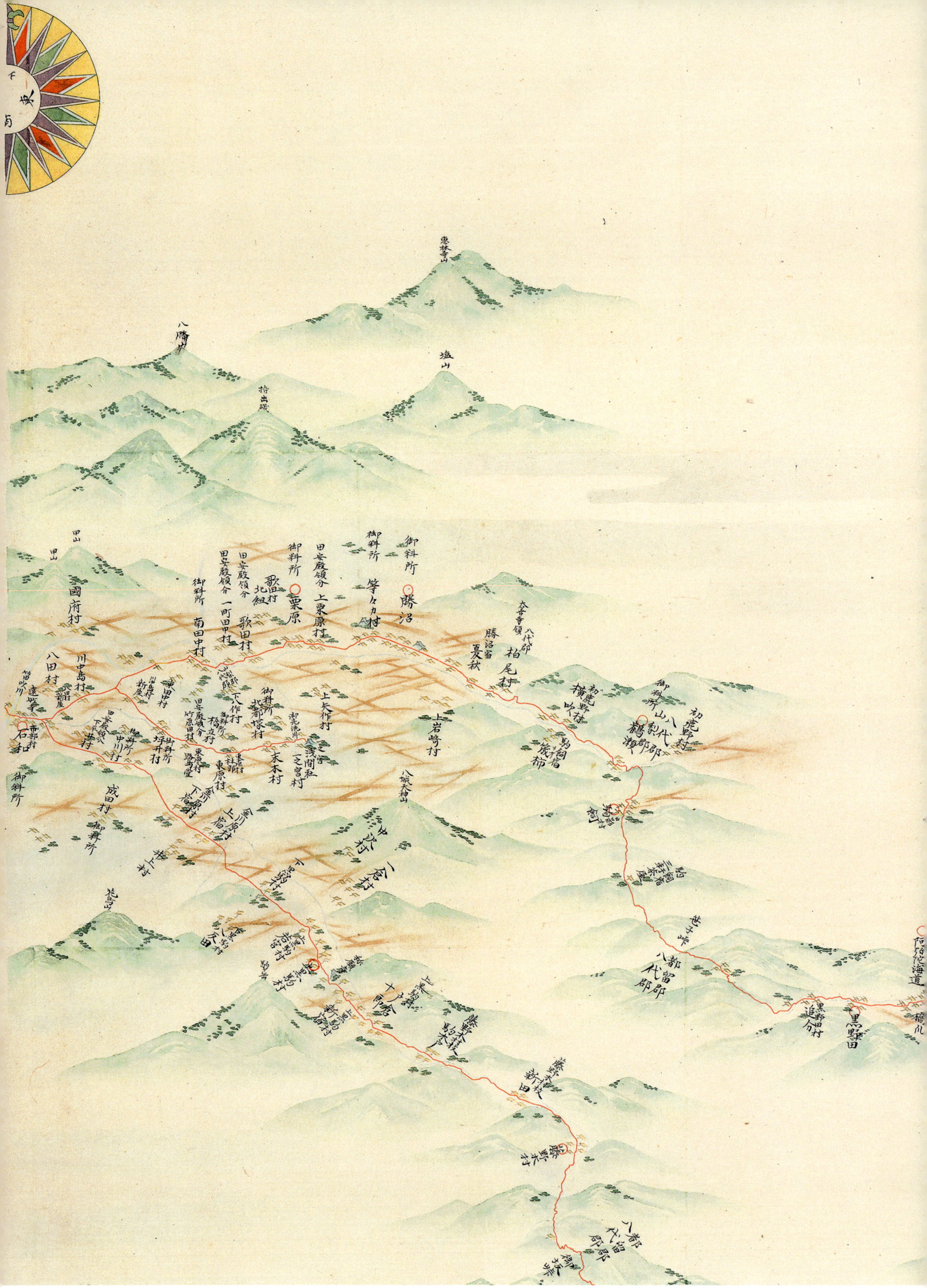
塩山
甲山
國府村
八田村
笛吹川
川中島村
石和
市部村
御料所
成田村
井上村
南田中村
一町田中村
歌田村
田安殿領分
栗原
上栗原村
等々力村
勝沼
勝沼宿
夏秋
八代郡
柏尾村
初鹿野
横吹村
初鹿野村
鶴瀬
八代郡
駒飼宿
柿
上岩崎村
上矢作村
下矢作村
北都塚村
末木村
浅間社
一之宮村
八城天神山
中沢村
一宮村
東原村
上曽根村
下黒駒村
若宮村
上黒駒村
十郎
藤野木村
新田
笹子峠
都留郡
八代郡
黒野田
黒野田村
追分
阿弥陀海道

第97号　大月（3）

122
126 123 120
132

太刀岳
金峯山
河原部村
韮崎
宇津谷村
金剛寺
宇津谷村
志田村
岩森村
下今井
竜地村
八王子権現山

第98号　**甲府**（1）

124
126 122
123
136

観音岳
地蔵岳
虚空蔵山
白根岳
上宮地村
竜王山
黒尊嶺
平林山
平林山
黒尊御林
十谷前山
東
北

南
白山
金ヶ岳
阿夫利神社
薬師山
大山町
蓑毛村
小蓑毛村
田原村
戸室村
温水村
愛甲郡
上愛甲
大竹村
白根村
伊勢原村
大嶋村
下嶋村
新土村
曽屋村
權現山
千村
渋沢村
平沢村
豊田村
中原村
八幡村
平塚
平塚新宿
大住郡
陶綾郡
大磯
小磯村
國府本郷村
國府新宿村
三ノ宮村
塩海
梅沢
川匂村
羽根尾村
足柄下郡
前川村
國府津村
押切

南
西
矢倉澤村
相模國足柄上郡
駿河國駿東郡
竹之下村
瀬戸
市場
地蔵堂
関場
苅野一色村
苅野岩村
弘西寺村
雨坪村
宮地村
飯澤村
関本村
竹松村
足柄峠
最乗寺
道了権現
相模國足柄郡
駿河國駿東郡
金時山
仙石原村
相

132	128	102
134	130	
	140	

相模
矢倉澤村
相模國足柄上郡
駿河國駿東郡
地藏堂
竹之下村
市場
苅野一色村
苅野岩村
關本村
仙石原村
宮城野村
底倉村
大平臺村
塔澤
風祭村
入生田村
早川村
石橋村
米神村
根府川村
江之浦村
蘆湖
箱根
大久保加賀守居城

 第99号　小田原（2）

	123	120
136	132	128
138	134	130

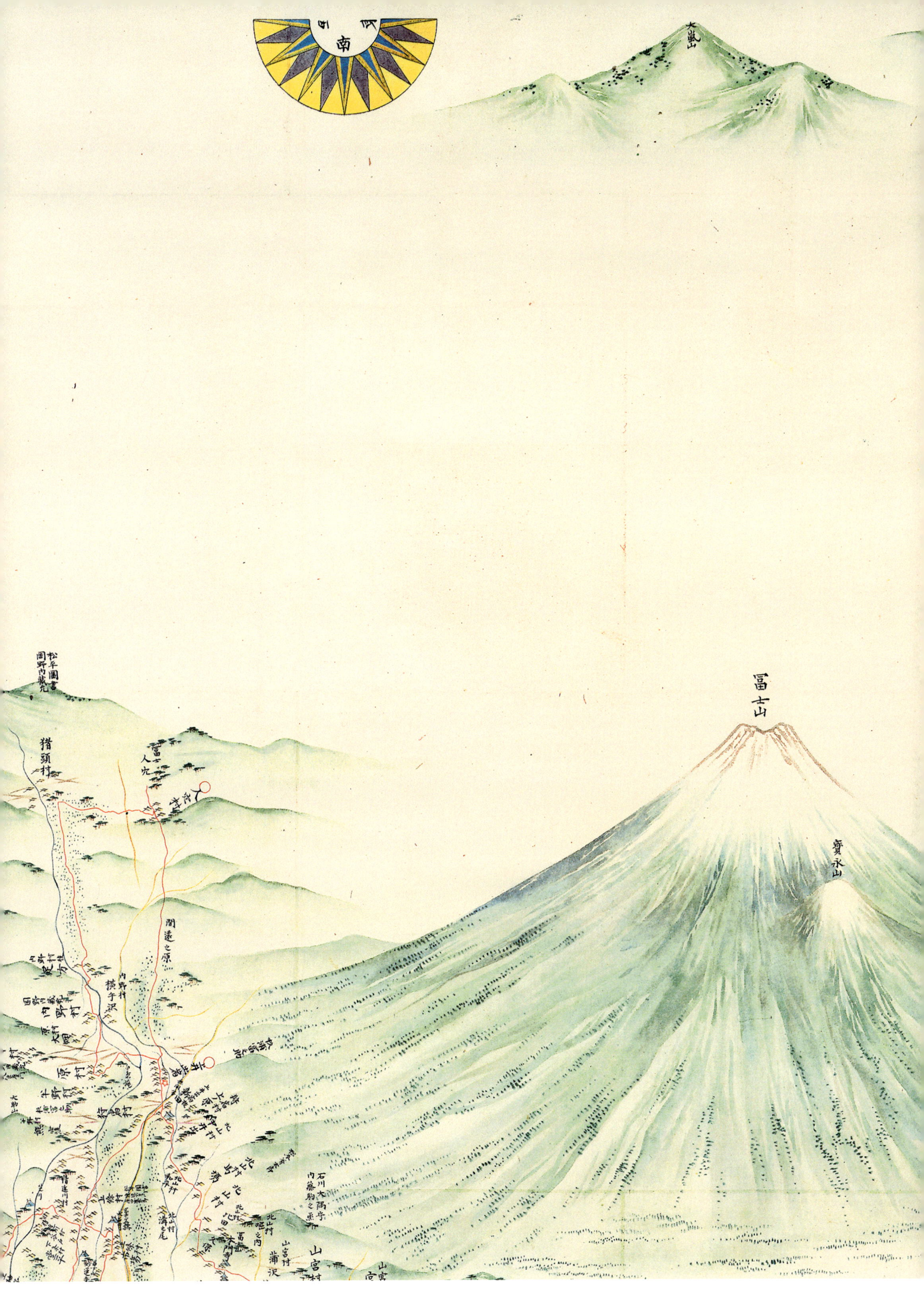

第100号　富士山（1）

須走村
富士浅間
菅沼村
水土野新田
仁杉村
清後村
御殿場村
宮沢
印野村
十里木新田
神山村
明神嶽
愛鷹山

第100号　富士山（2）

126 123
136 132
138 134

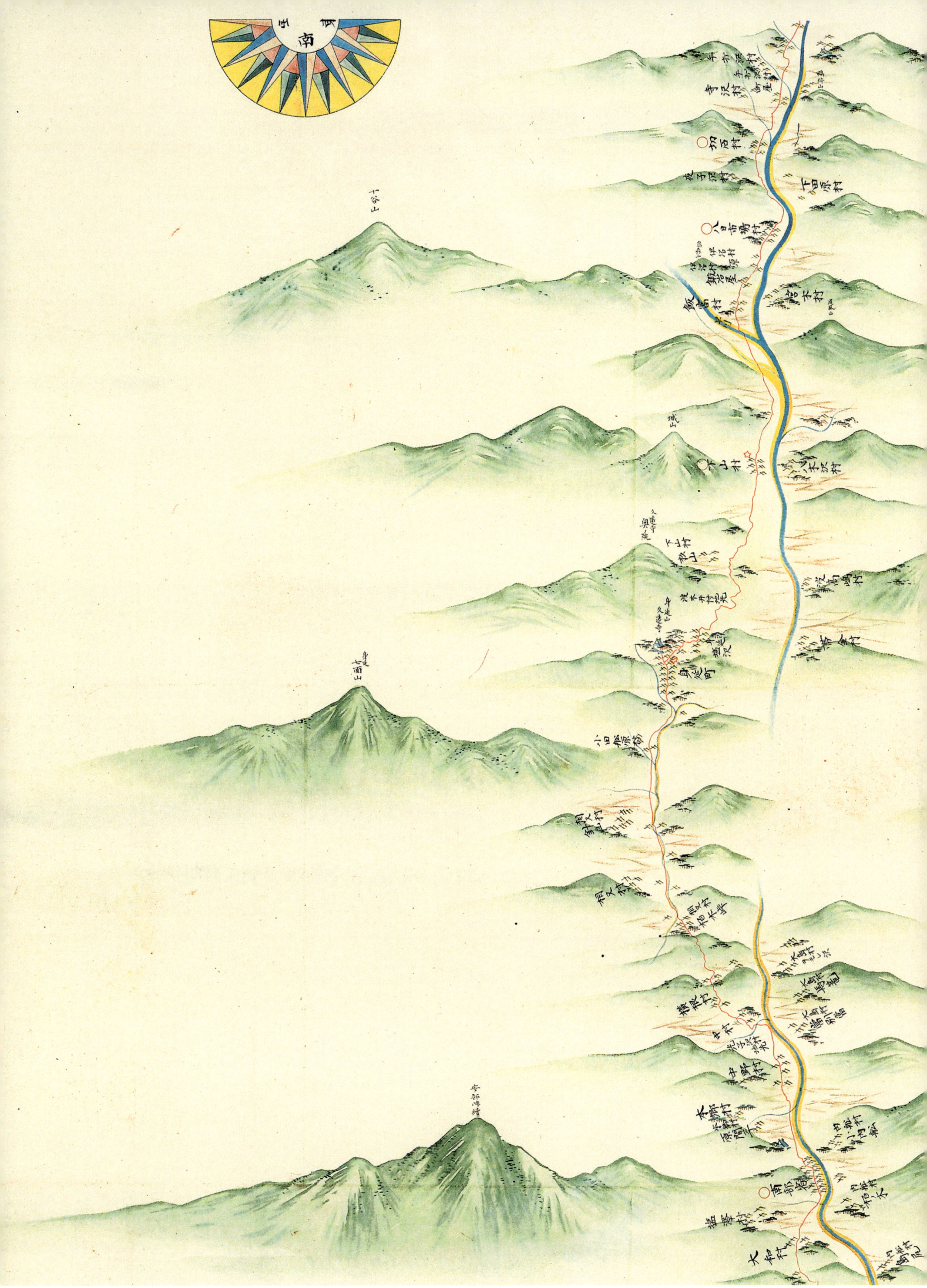

 第100号　富士山（3）

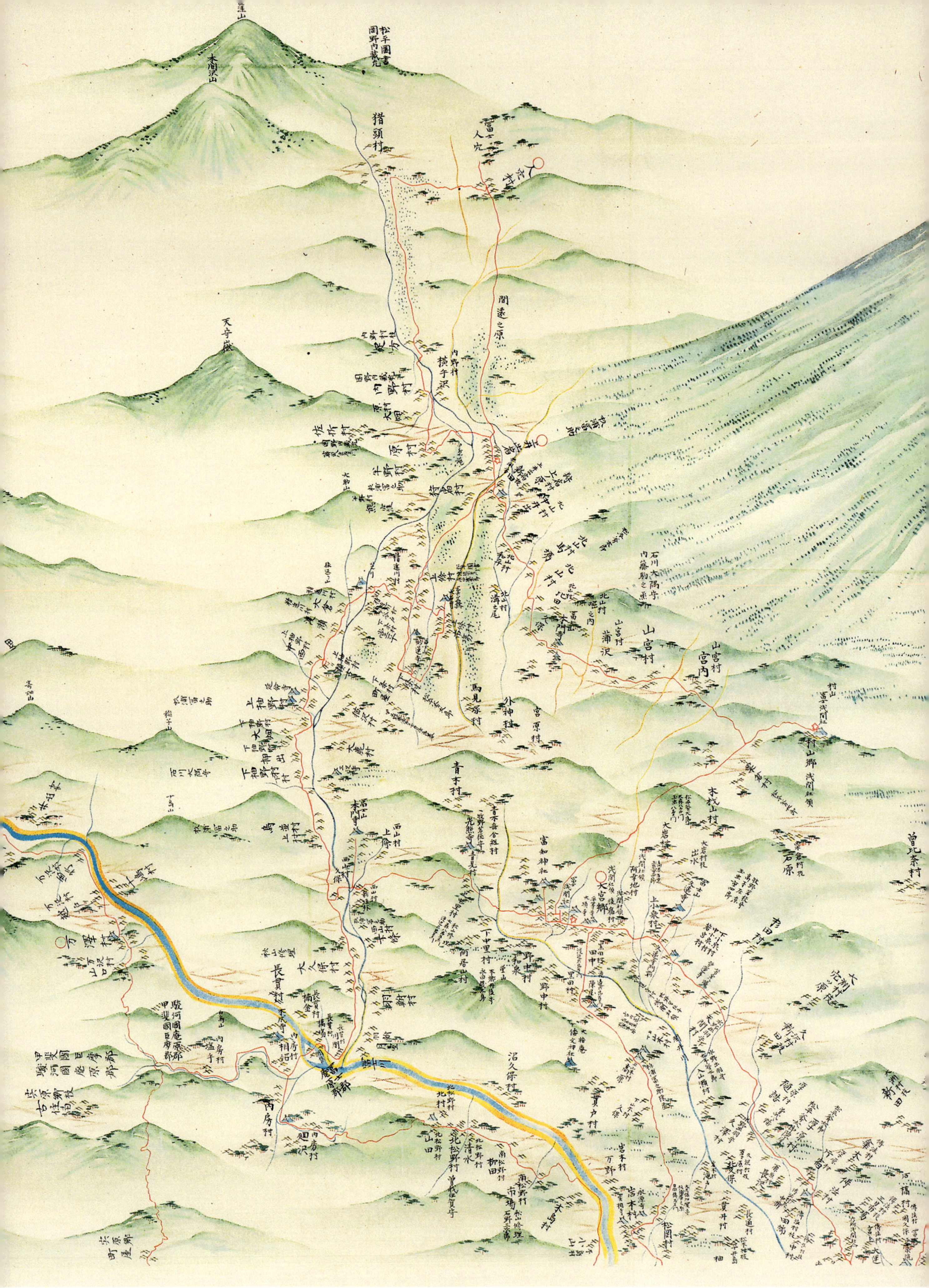

136 132
138 134
156 144

 第100号　富士山（4）

134 130
144 140
142

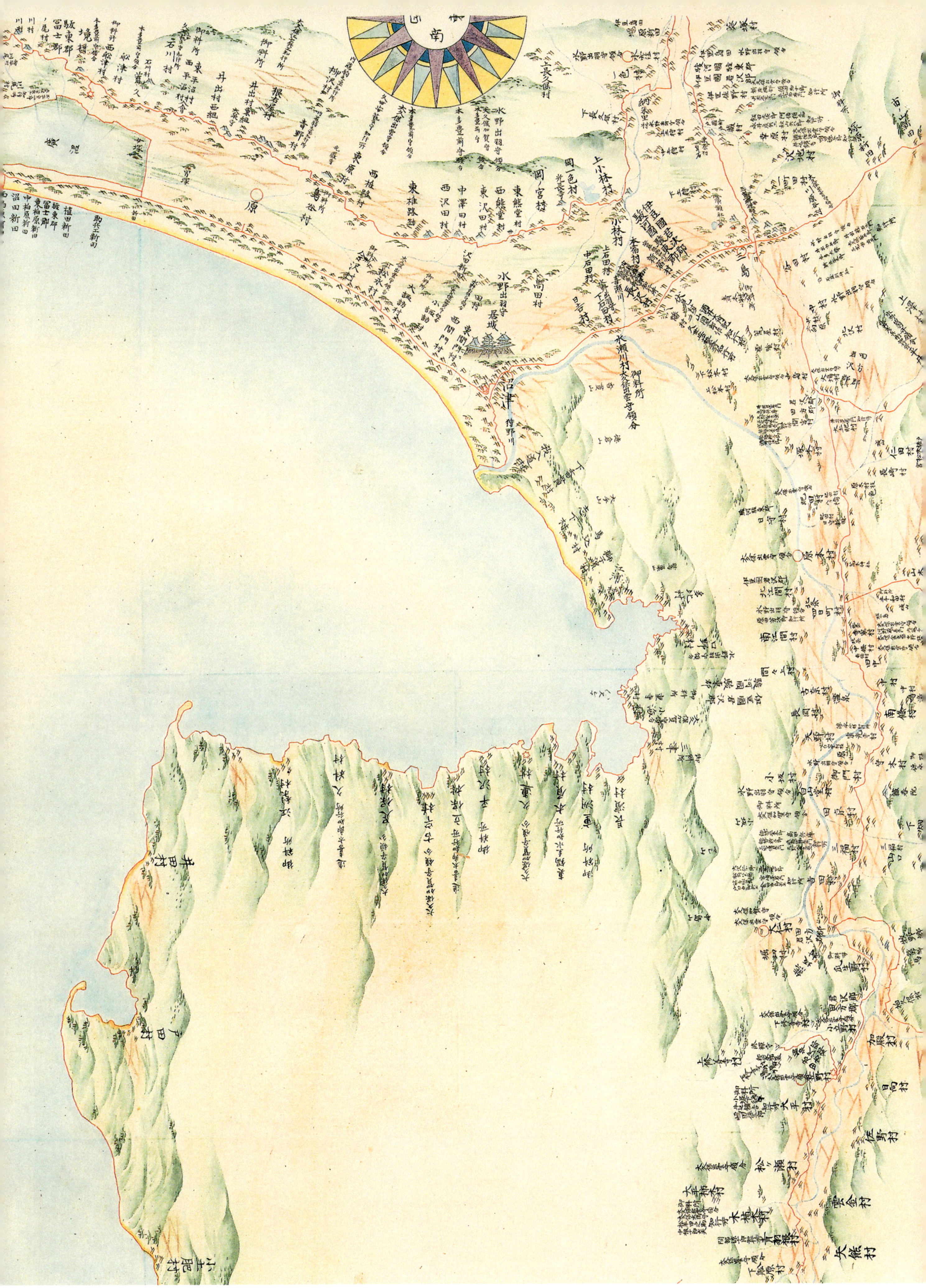

第101号　熱海・三島（1）

144 140
142
146

 第101号　熱海・三島（2）

富士郡
冨士川
鈴川村
今井村
大野新田
檜新田
中丸村
田子村
前田村
東宮島村
川成島村
五貫島村
平垣村
柚木村
田中新田
沼田新田
植田新田
原
西椎路村
青野村
井田村
戸田村
小土肥村

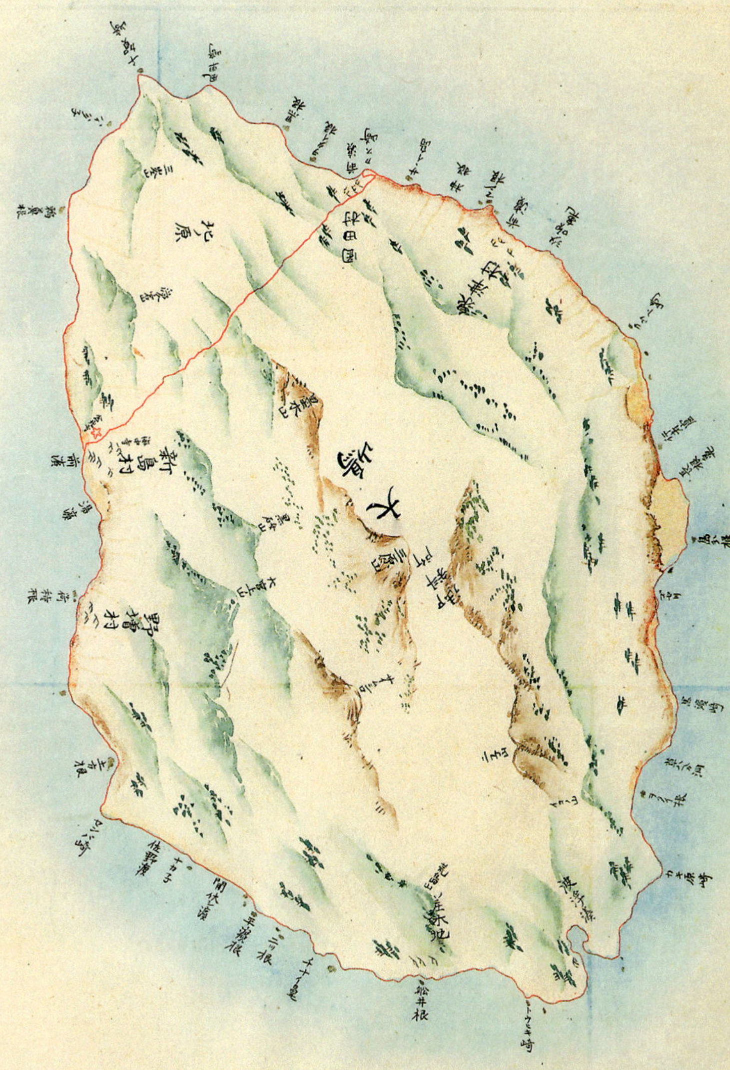

第102号　下田・大島（1）

第102号　下田・大島（2）

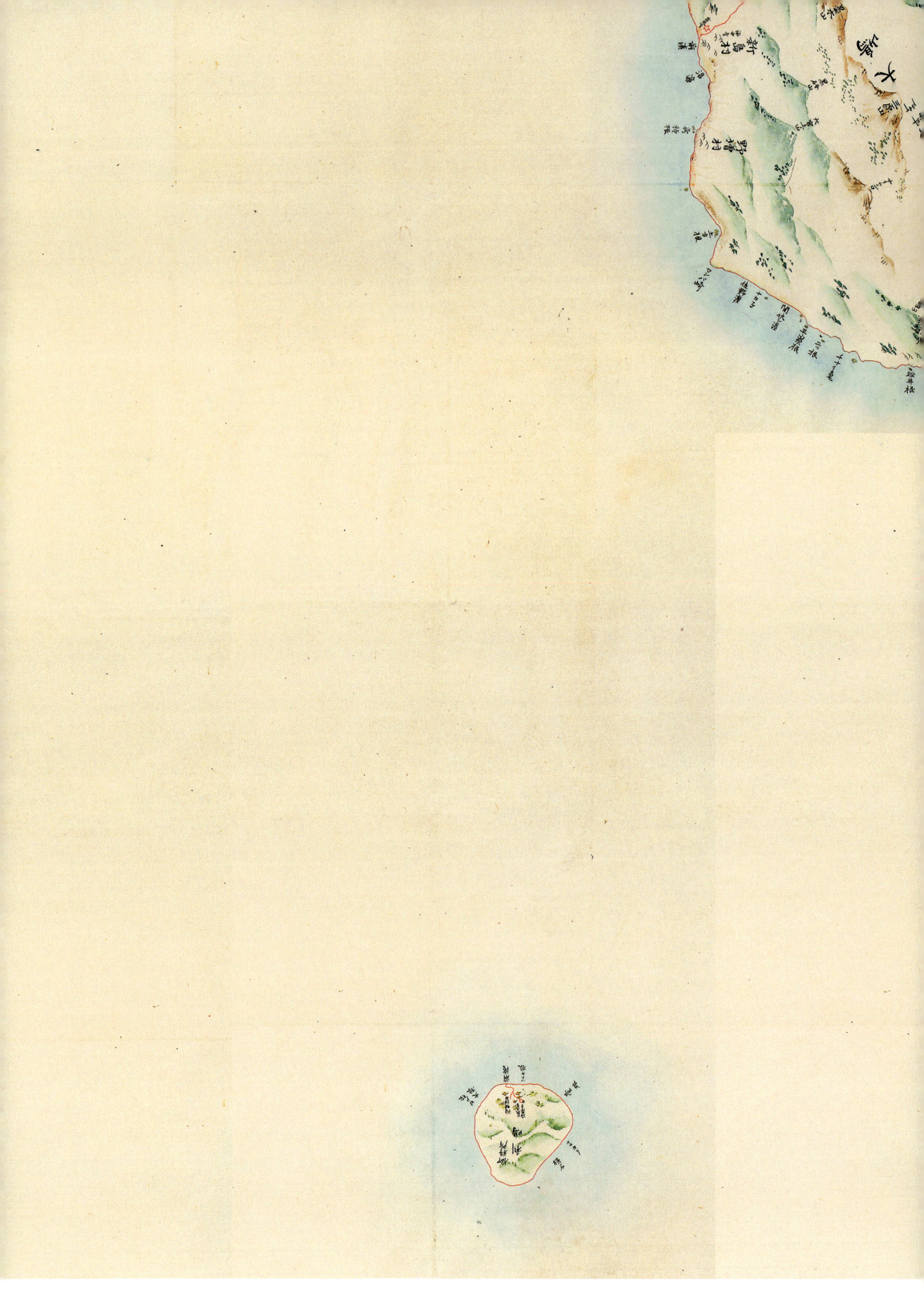
新島村
野増村

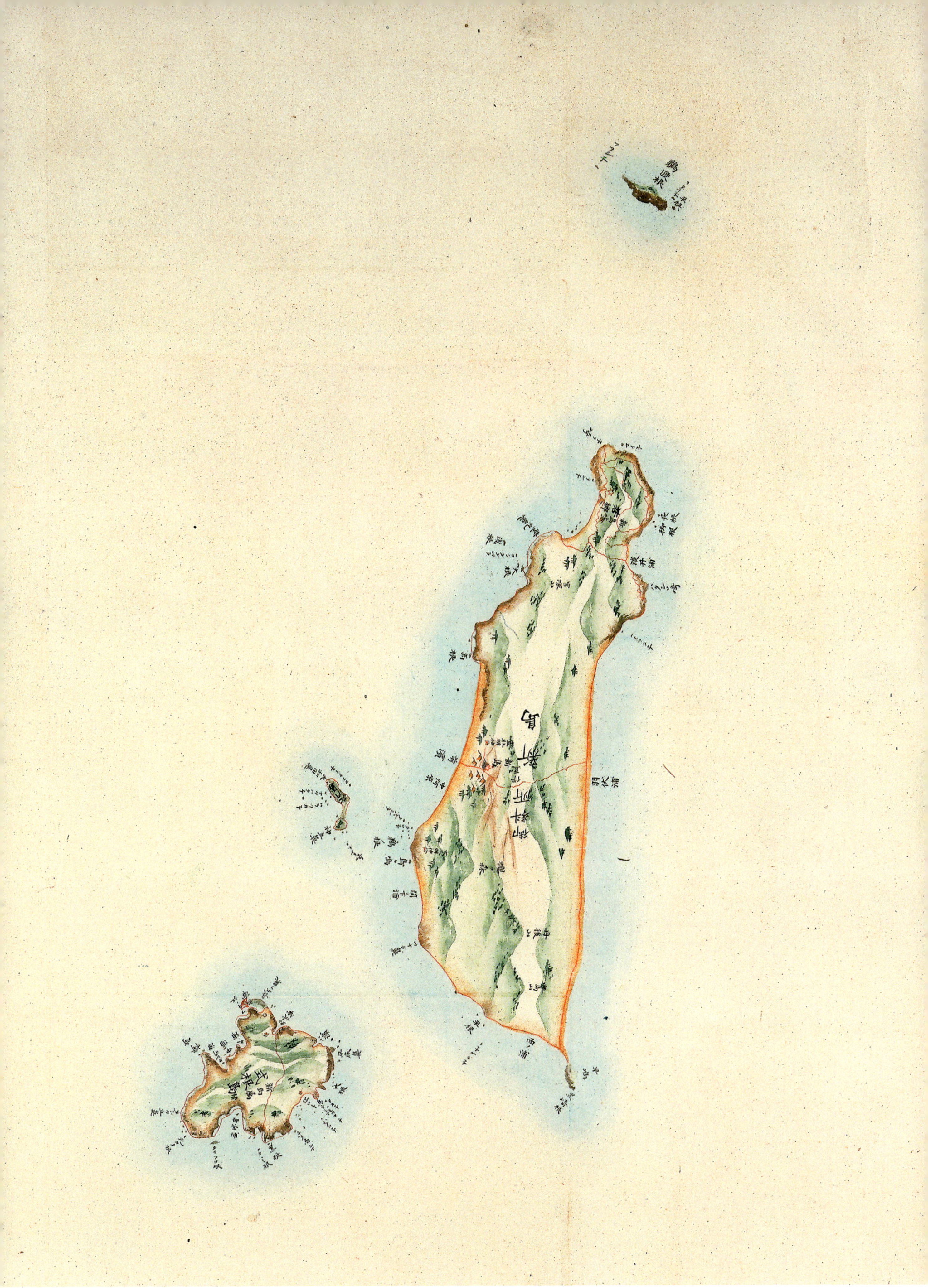

第103号　新島・神津島・式根島（1）

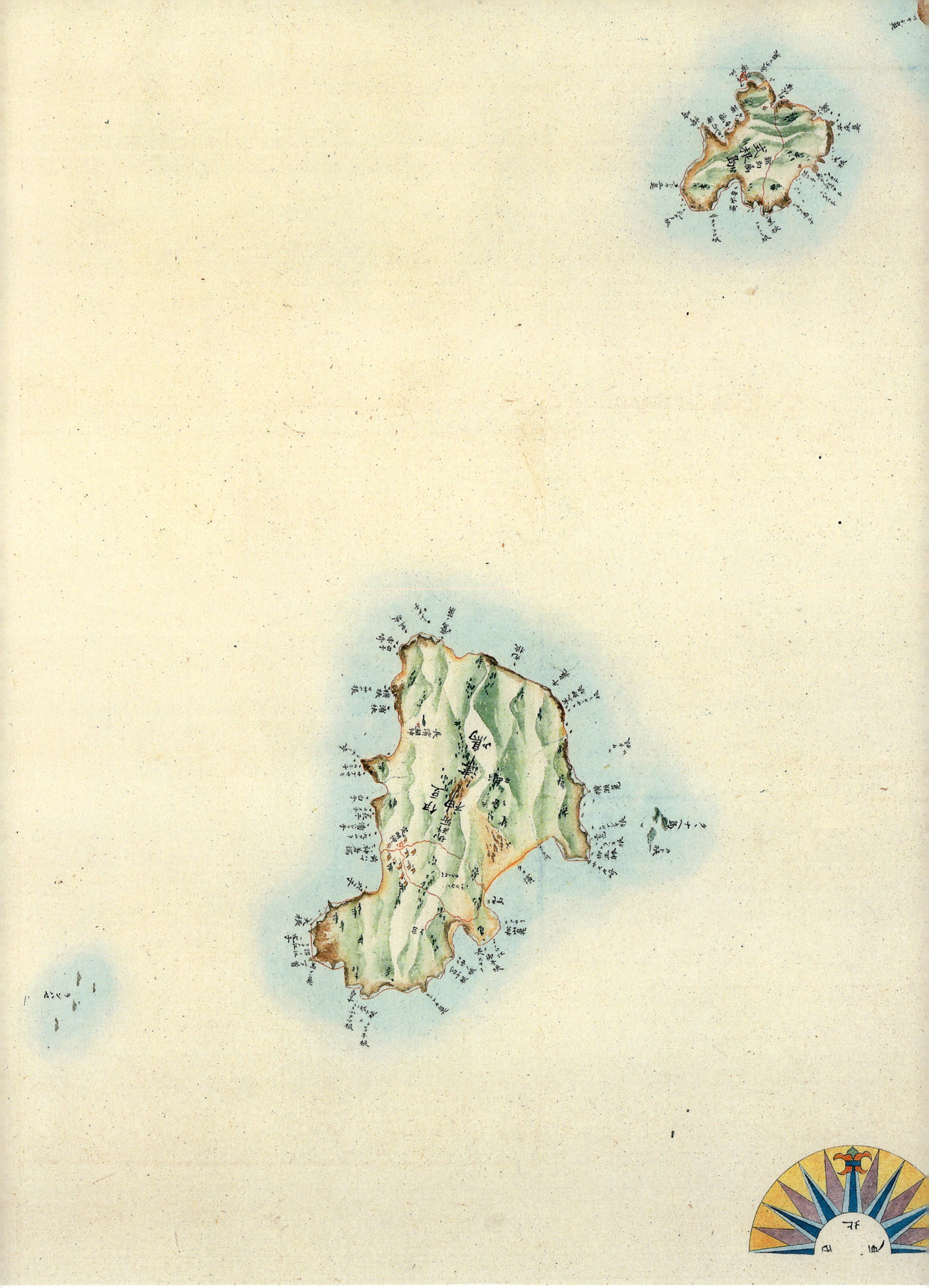

第103号　新島・神津島・式根島（2）

第104号　三宅島・御蔵島（1）

御蔵島
河内濱

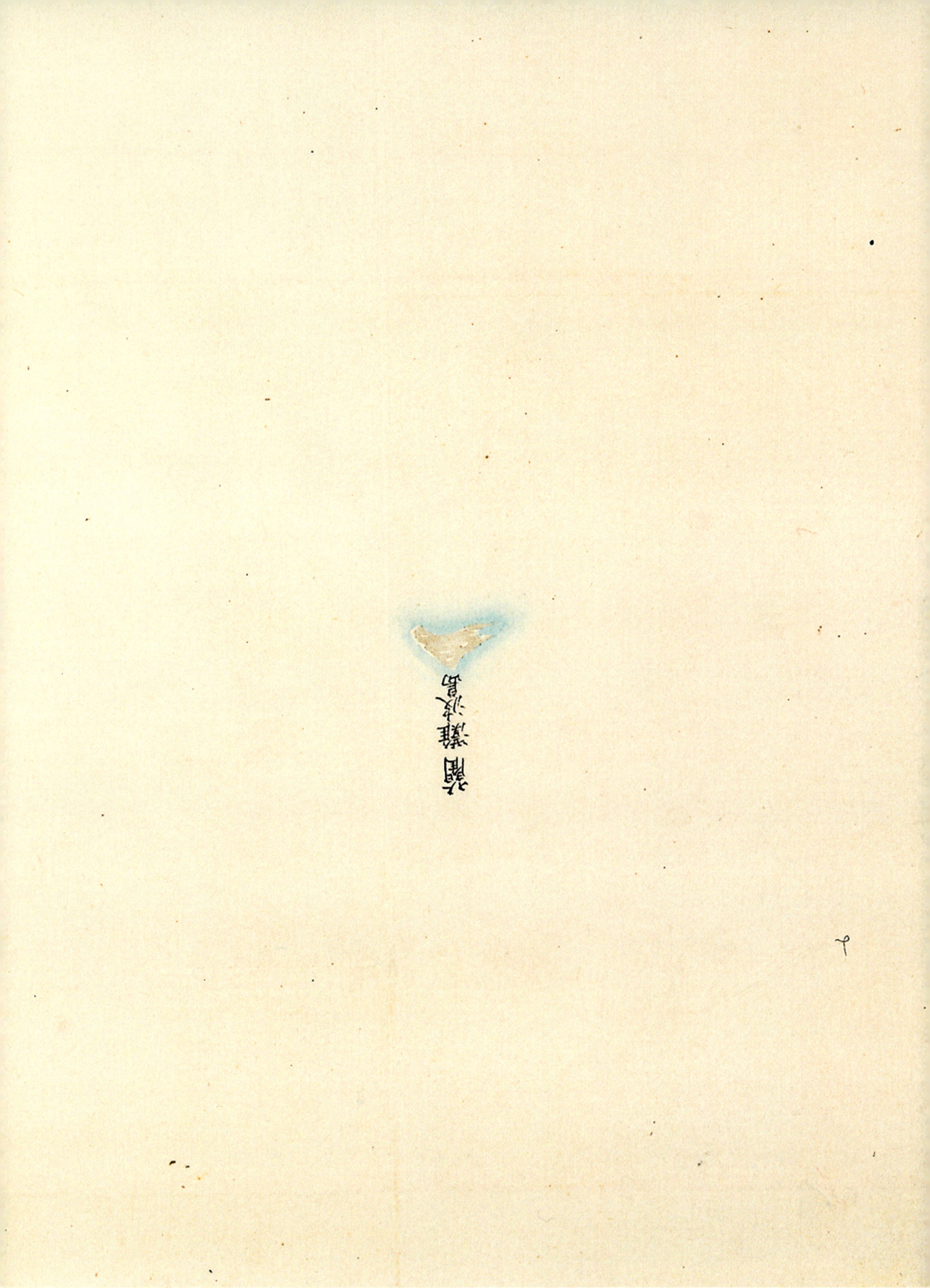

第105号　八丈島

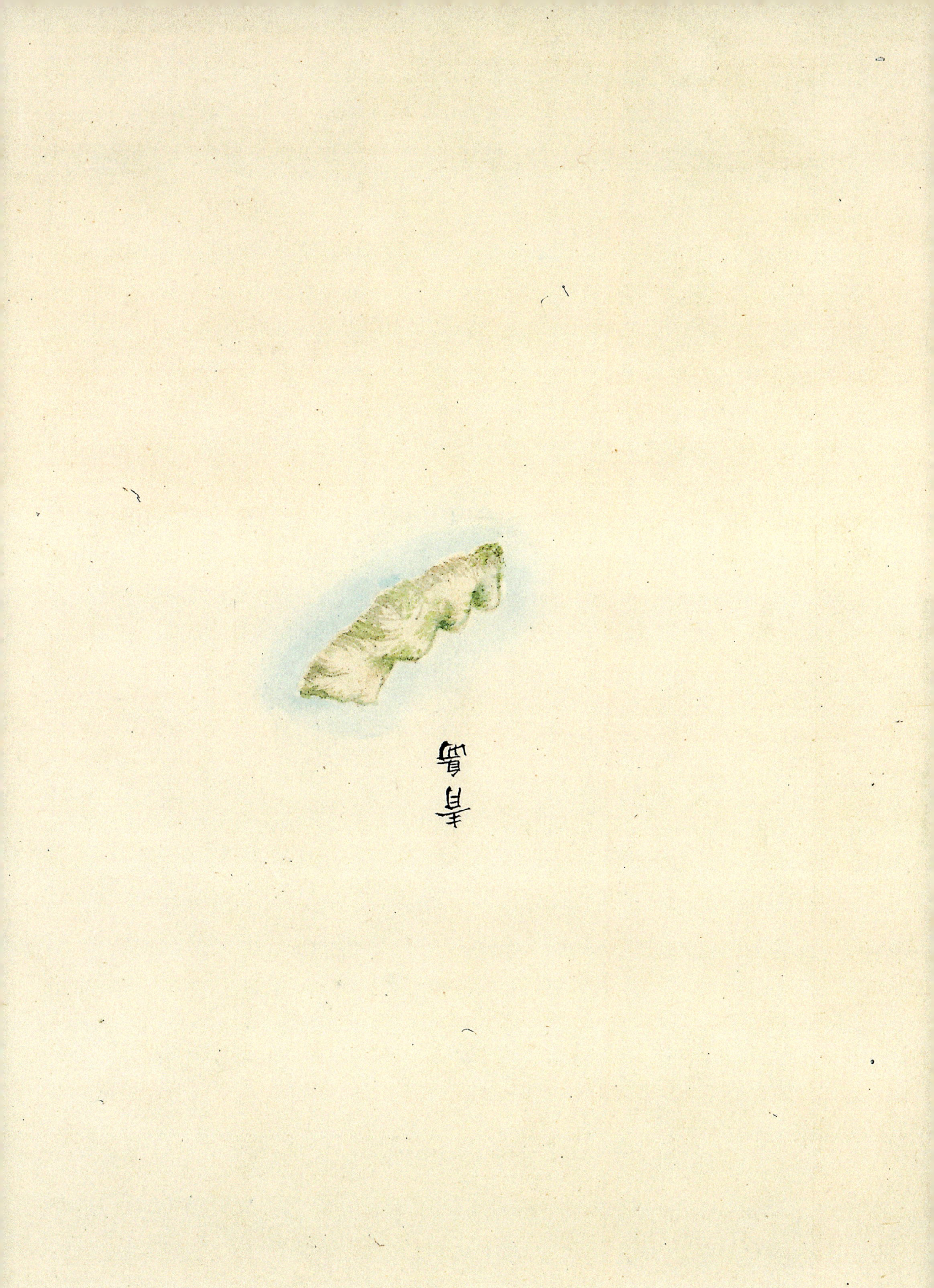

155　第106号　青ヶ島

138
156 144
158

第107号　静岡（1）

清水町
久能山御神領
根古屋村
安居村
古宿村
中平松村
西平松村
大谷村

御城
府中
安倍川

158
178 160

片桐町
大澤
御料所
片桐郷
片桐町
片桐郷
上片桐
大島町
上平村
山吹村
出原村
市田村
座光寺村
上黒田村
下黒田村
別府村
飯田
大和守居城

118
162 124
164

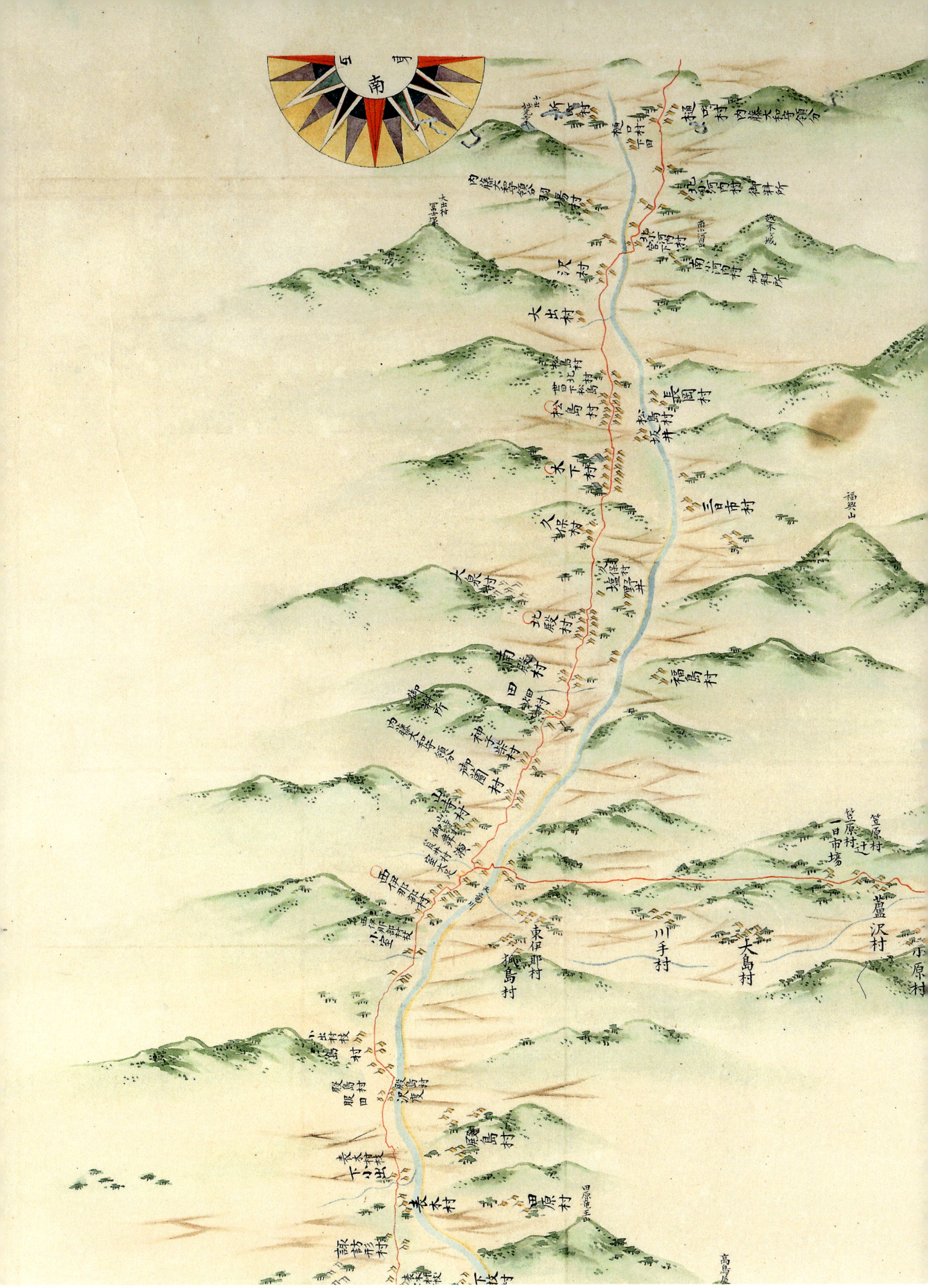
南
沢村
大出村
松島村
長岡村
木下村
三日市村
久保村
大泉村
北殿村
南殿村
福島村
神子柴村
御薗村
伊那部村
三手村
大島村
笠原村
一日市場
蘆沢村

 第108号　飯田・伊那（2）

和守居城
高鳥屋山
戸倉山
向山
向山

第108号　飯田・伊那（3）

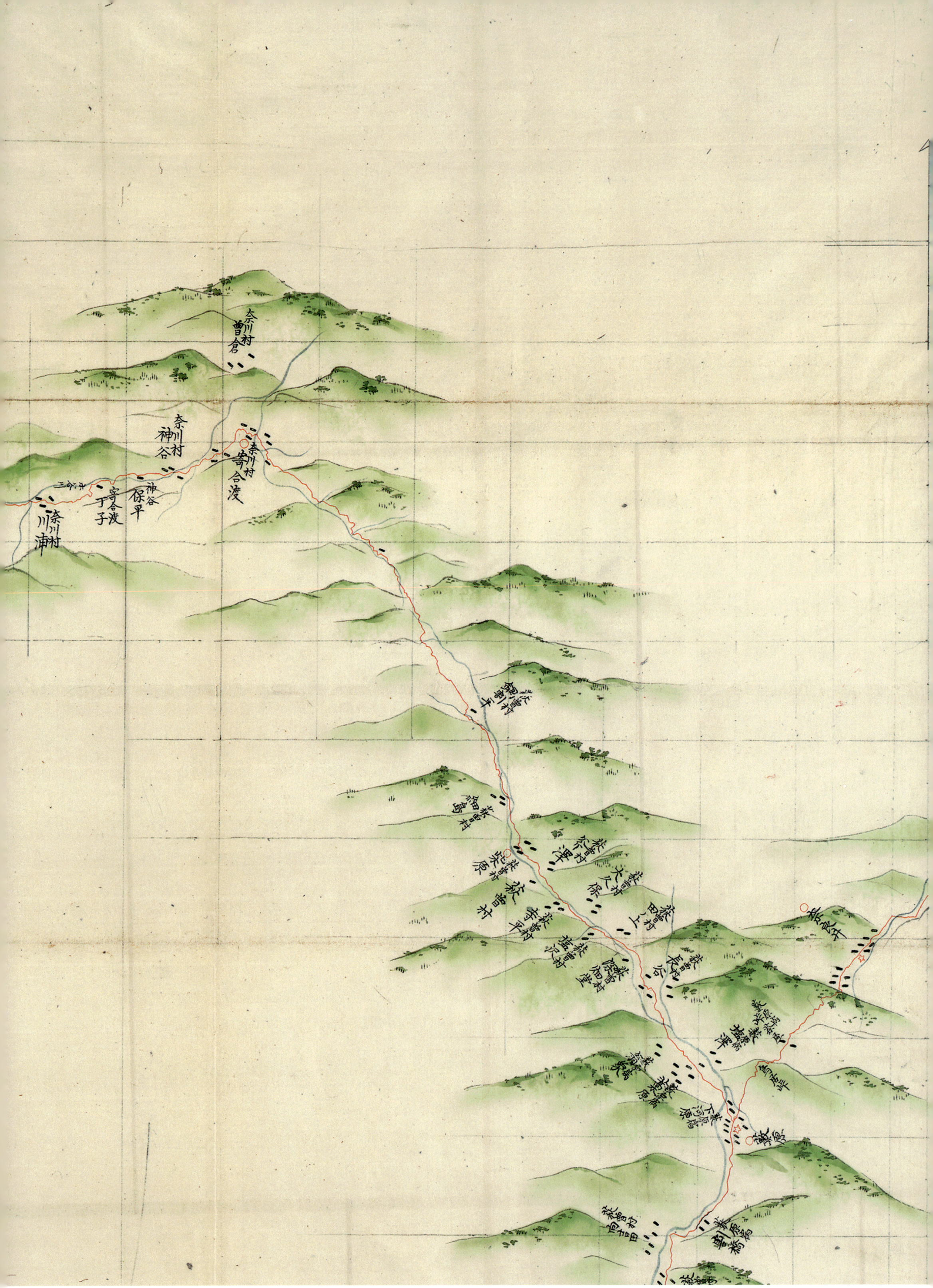
奈川村
曽倉
奈川村
神谷
奈川村
寄合渡
神谷
保平
寄合渡
丁子
奈川村
川浦
荻曽村
大久保
荻曽村
田ノ上
荻曽村
寺平
荻曽村
塩沢
荻曽村
長谷
荻曽村
鳥居峠
藪原

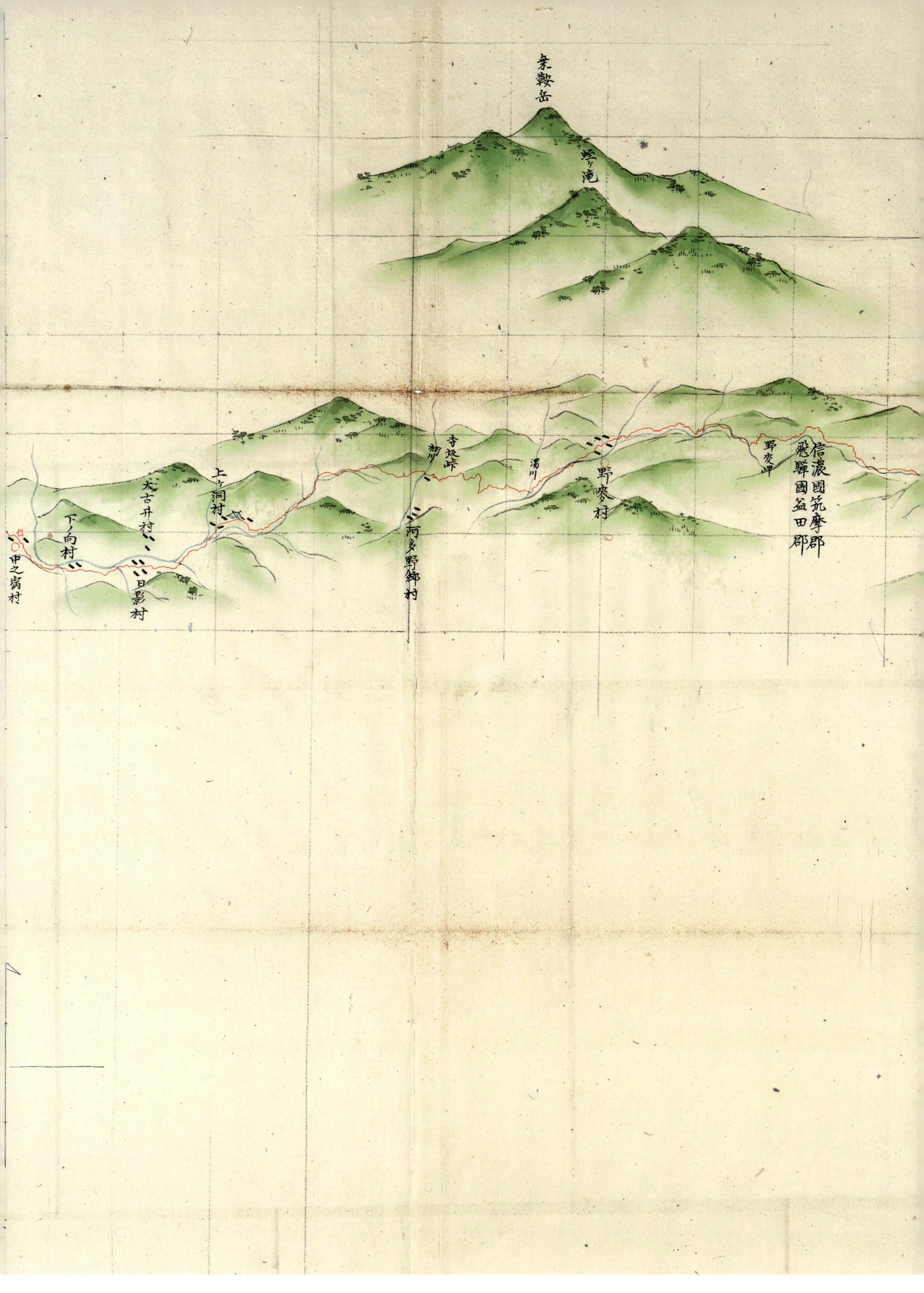

乗鞍岳
野麦村
野麦峠
信濃國筑摩郡
飛騨國益田郡
寺坂峠
湯川
阿多野郷村
上ヶ洞村
大古井村
下ヶ向村
日影村
中之宿村

 第109号　木曽福島（1）

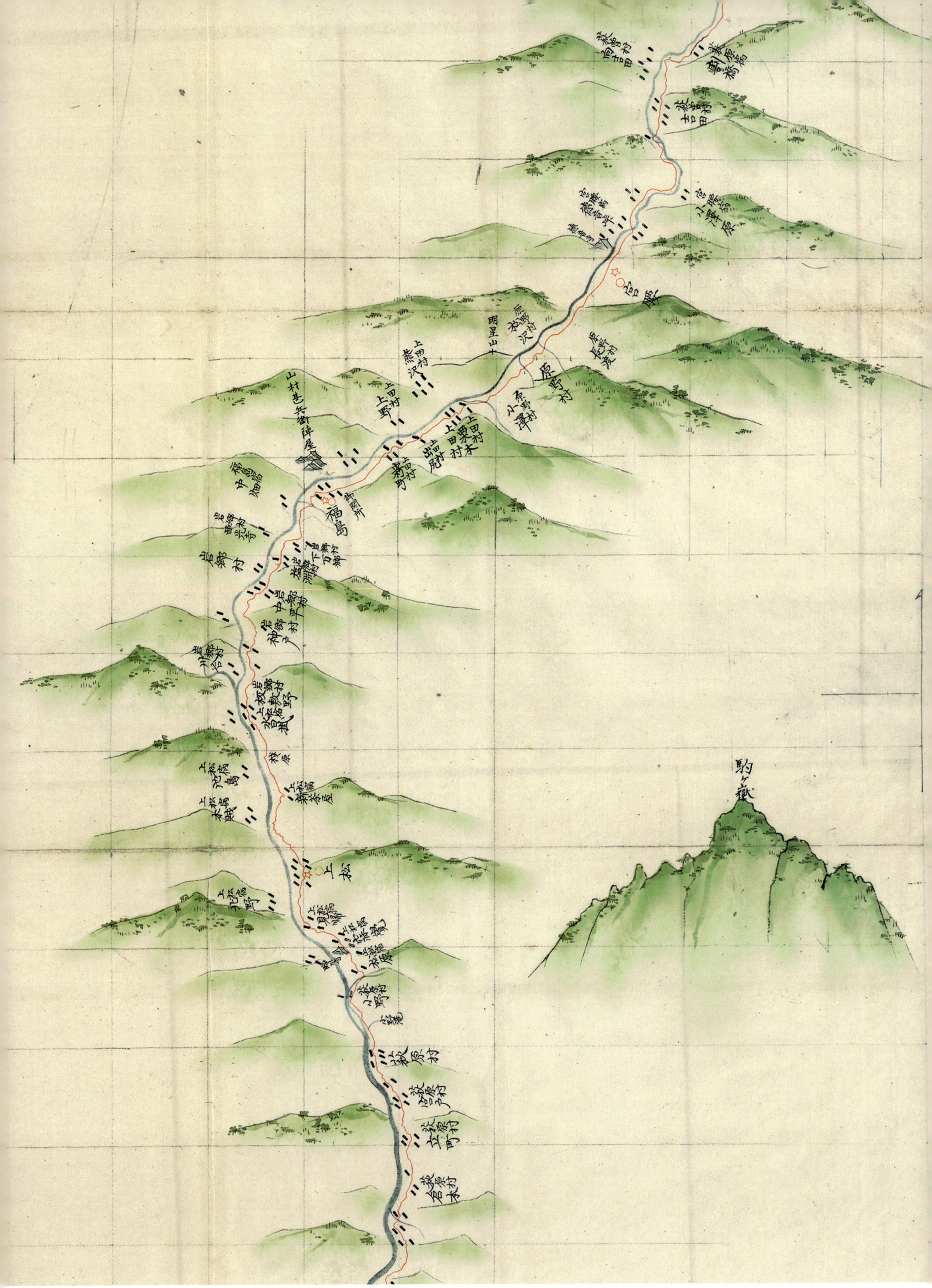
宮腰
原野村
福島
上松
駒ヶ嶽

第109号　木曽福島（2）

荻原村
倉本
須原宿
松渕
和村
須原宿
大渕
須原
殿村
長野村
平沢
弓屋
野尻
野尻宿
下在郷
向野尻
野尻宿
烏帽子岳
木曽岳
白山

第109号　木曽福島（3）

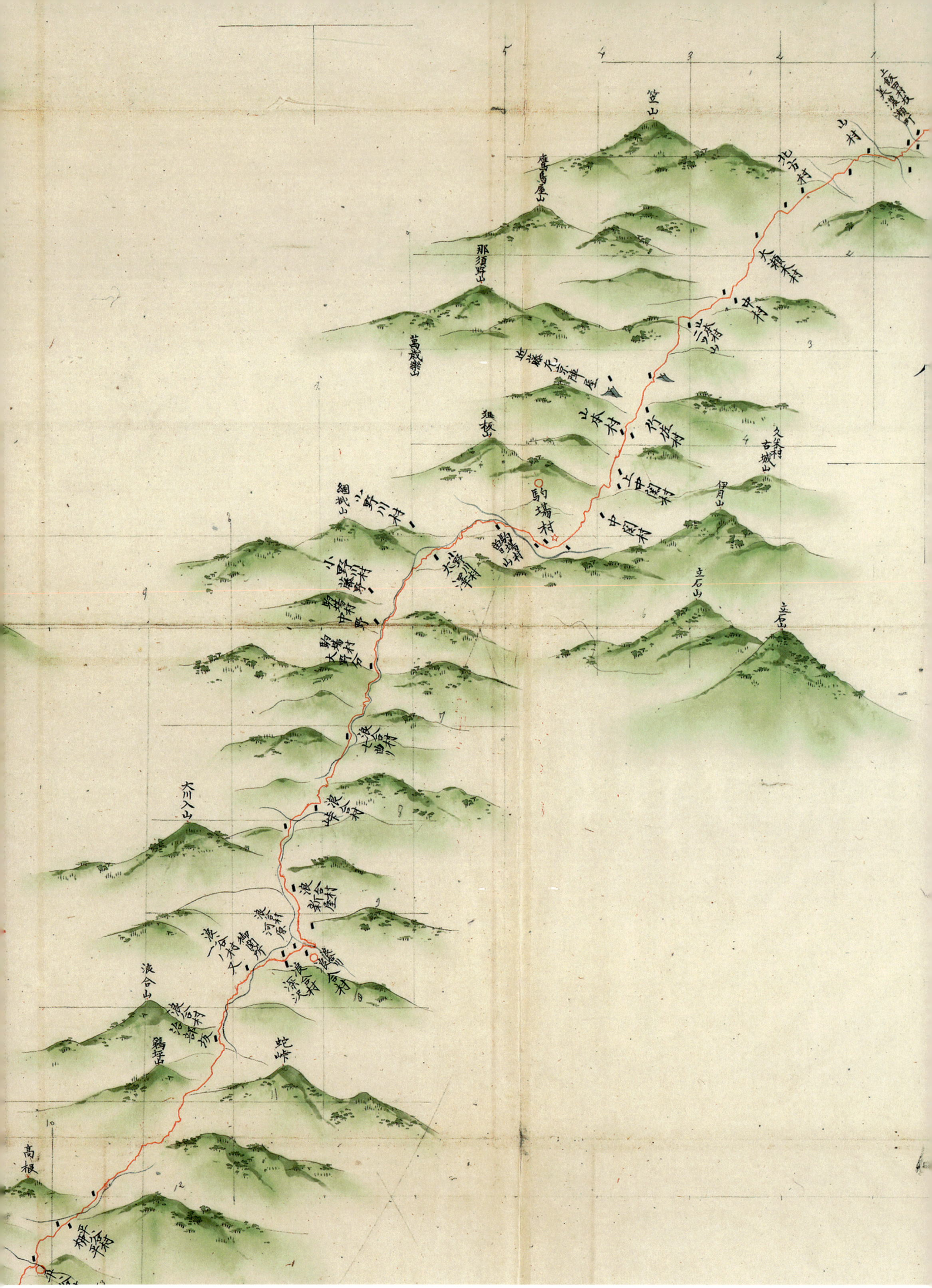

170
190
172
161
174

第110号　中津川（1）

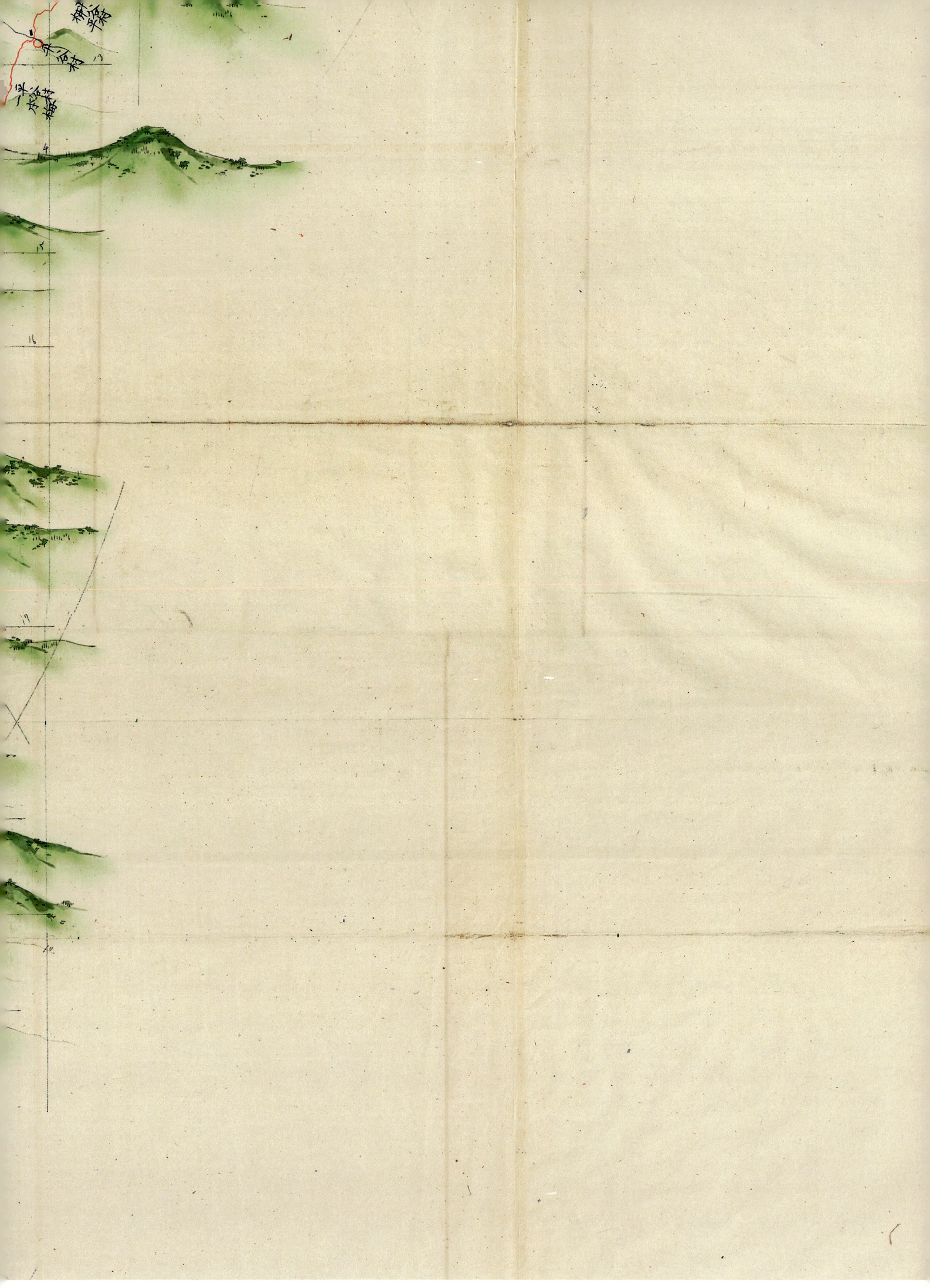

172
195 174
176

第110号　中津川（2）

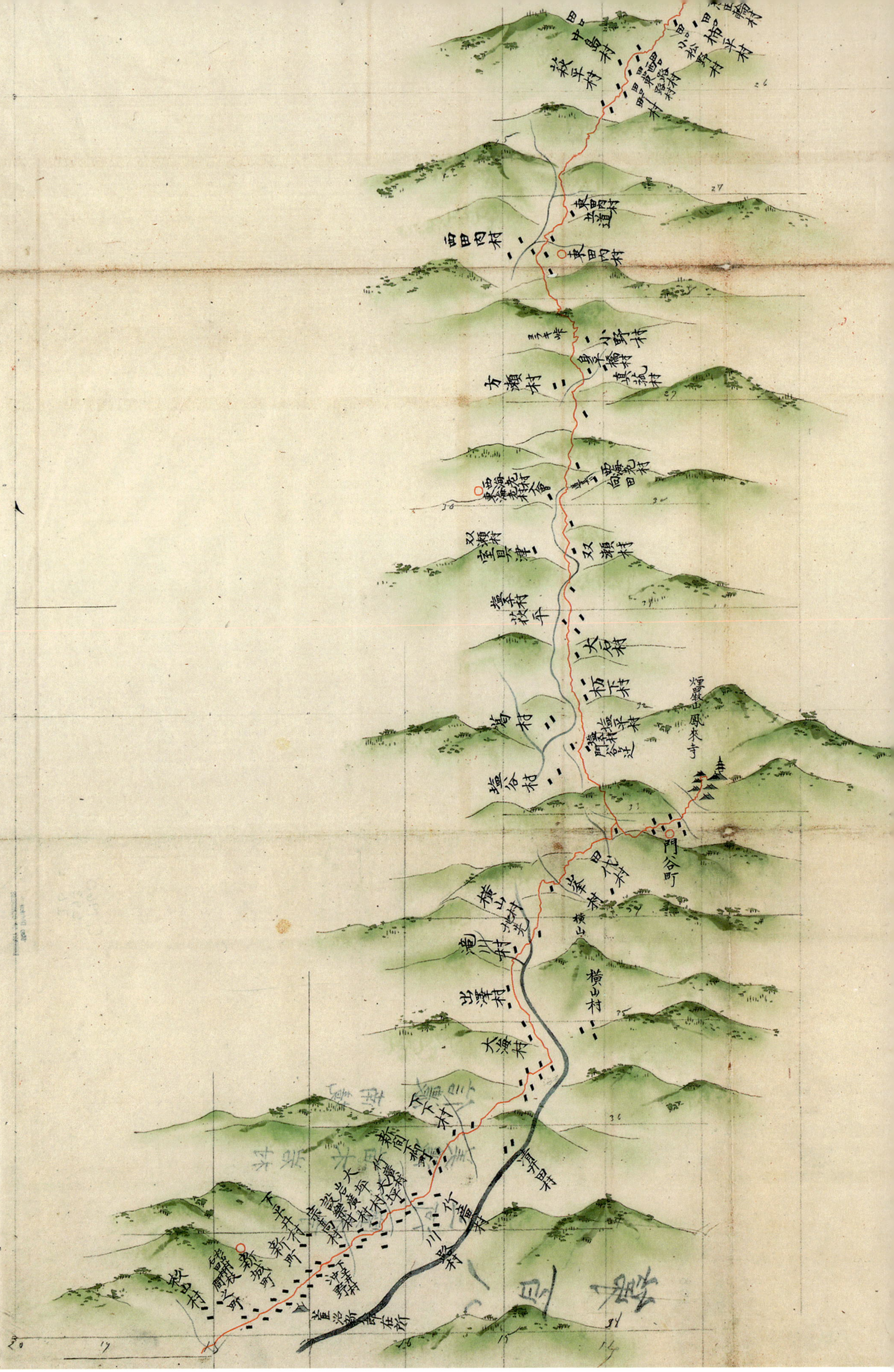

荻平村
小野村
双瀬村
大谷村
瀧川村
出澤村
大海村

駿河國
遠江國
大井川
島田
御料所
道悦島村
牧野原村
下菊川村
上菊川村
大鹿村
日坂
金谷
川原町
海老名村
印内村
馬喰村
成滝村
宮脇村
池下村
車頭村
國安村
成行村
合戸村
来福村
塩原新田
相良町
平田村
大磯村
濱野村
三俣村
中新井村
藤塚村

177 160 178

大井川
川原町
金谷
御料所
牧野原村
下菊川村
上菊川村
大庵村
佐野郡
榛原郡
日坂
西尾隠岐守領分
太田摂津守領分
宮村
太田摂津守居城
掛川
池下村
宮脇村
成滝村
馬喰村
印内村
増田村
仁藤村
上張村
本所村
牛頭村
海老名村
伊達方村
影森村
太田摂津守領分
大蔵村
坂井村
平田村
相良町
須々木村
落居村
一橋殿領分
地頭方村
佐倉村
御料所
榛原郡
城東郡
國安村
合戸村
来福村
成行村
塩原新田
西尾隠岐守領分
池新田
西尾隠岐守領分
三俣村
濱野村
濱村
中新井村
大新井村
藤塚村

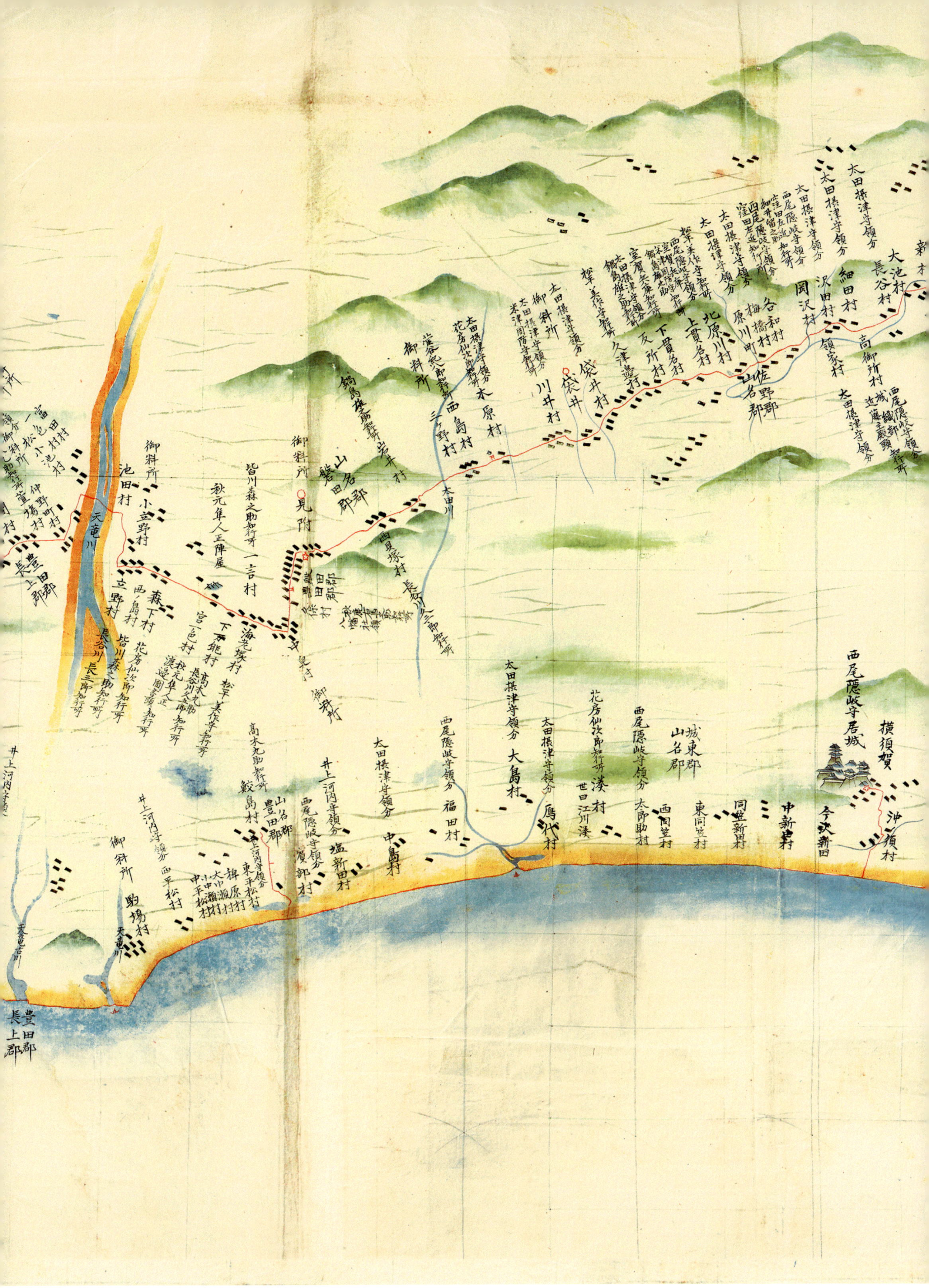

天竜川
池田村
小立野村
豊田郡
長上郡
御料所
一言村
海老塚村
見附
山名郡
磐田郡
西貝塚村
太田川
三ヶ野村
西島村
木原村
川井村
袋井
岩井村
下貫名村
上貫名村
北原川村
佐野郡
細田村
沢田村
岡沢村
大池村
長谷村
領家村
高御所村
太田摂津守領分
西尾隠岐守領分
井上河内守領分
西尾隠岐守居城
横須賀
沖須村
今沢新田
中新井村
城東郡
湊村
江川湊
大島村
福田村
中島村
塩新田村
鮫島村
駒場村

第111号　浜松（2）

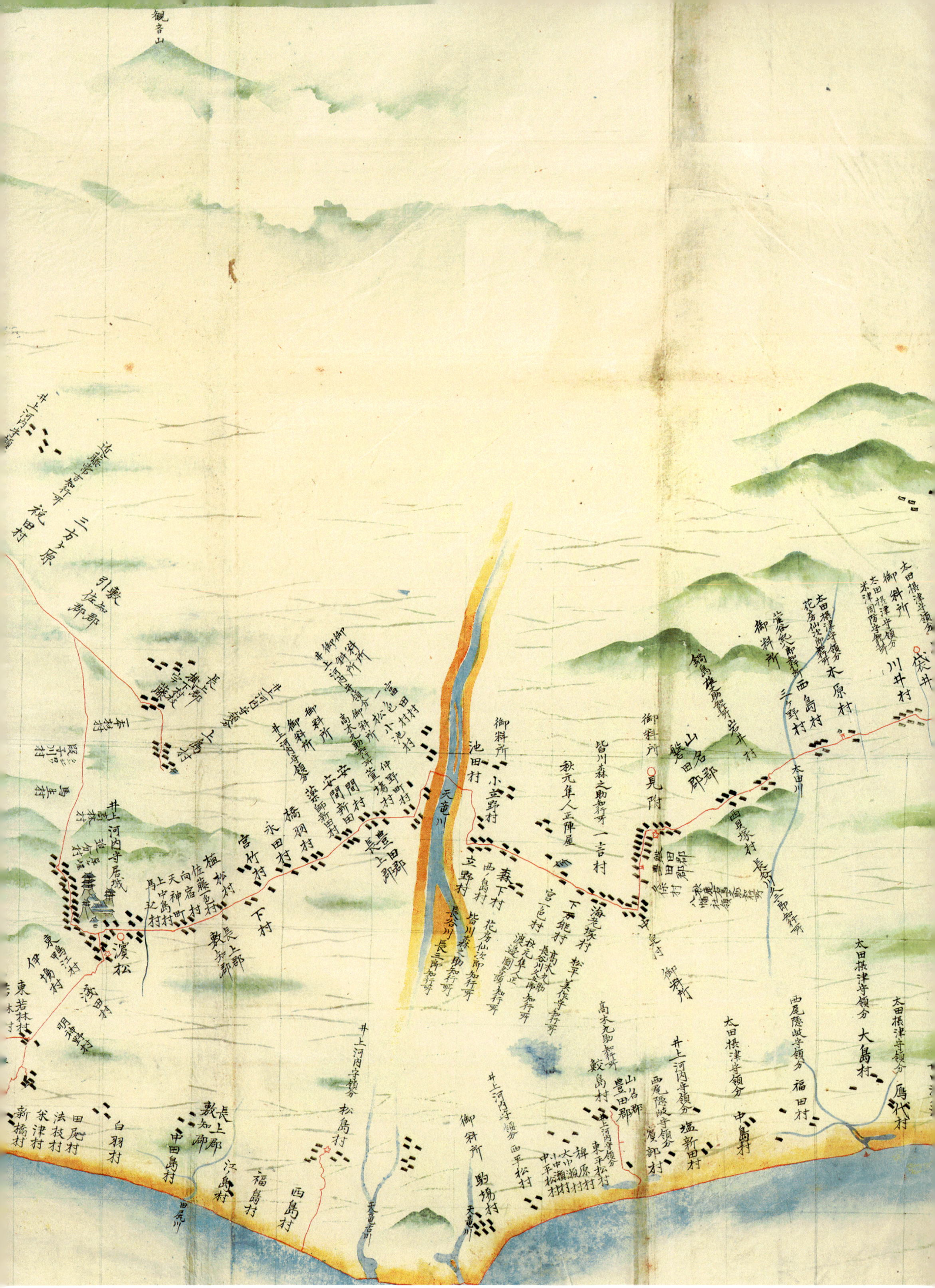

176
202 180 178
204

濱名湖
猪鼻湖
佐鳴湖
舞坂
遠江國敷知郡
三河國八名郡
遠江國濱名郡
三河國渥美郡
田沢富山
三合山
稲荷山
引佐峠
本坂峠
氣賀町
利木村
大谷村
駒場村
都筑村
油田村
和地村
富塚村
志都呂村
宇布見村
入野村
高塚村
篠原村
馬郡村
坪井村
小沢渡村
倉松村
増楽村
西鴨江村
橋本村
新居
白須賀
元白須賀

第111号　浜松（3）

漆坂内村
塩屋村
山口村
大野郡
益田郡
見座村
三岩村
浅井村
寺沢村
大廣村
甲村
万石村
薬師堂
上見村
黒川村
小瀬ヶ洞村
赤坂峠
久々野村
引下村

183　第112号　高山（1）

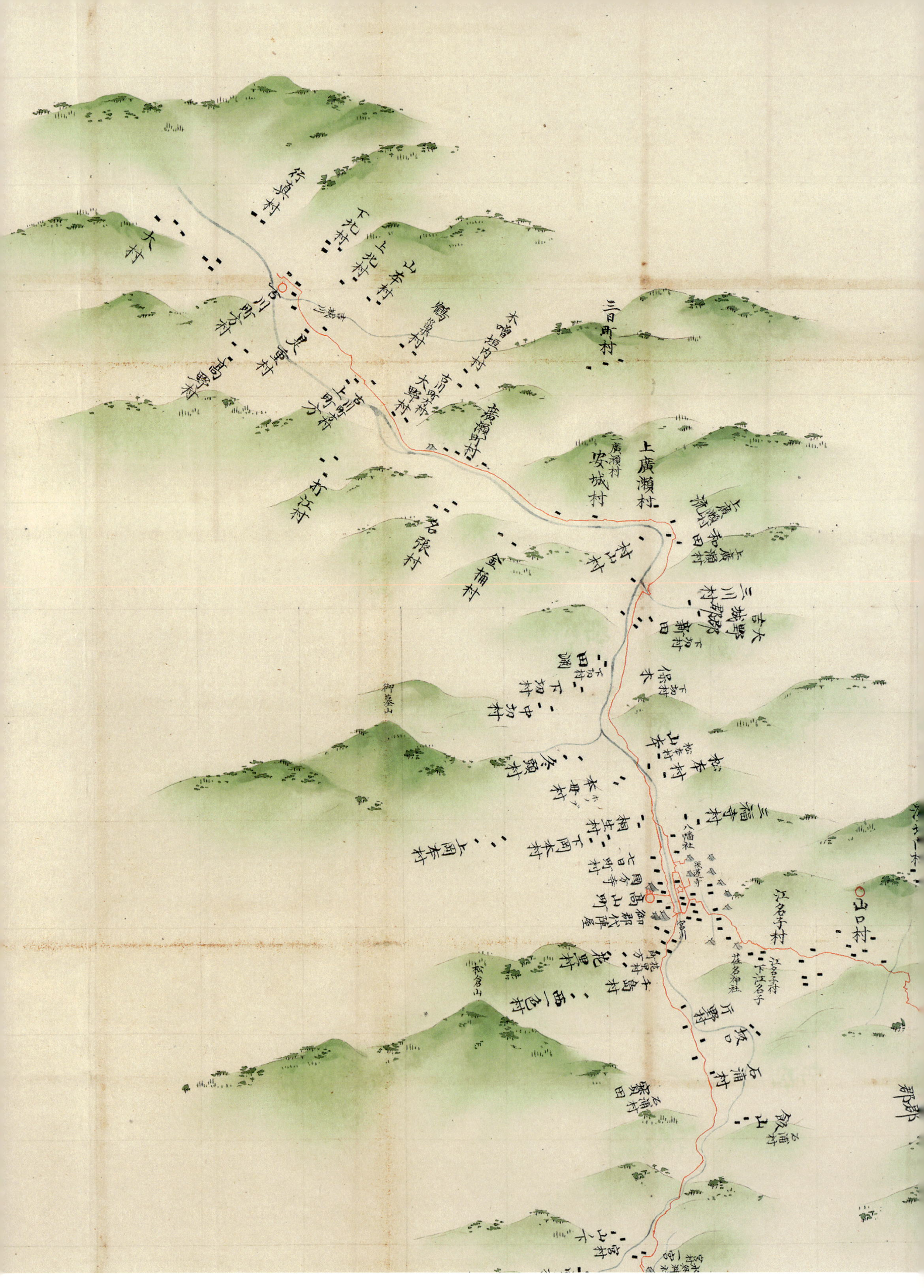

大村
下北村
上北村
山本村
古川町
鶴巣村
三日町村
廣瀬町村
上廣瀬村
安城村
松山村
金桶村
御蔵山
松本村
三福寺村
上岡本村
下岡本村
八幡社
高山町
江名子村
下江名子
山口村
花里村
西一色村
松倉山
石浦村
飯山

久々野村
乗鞍河村
引下村
木賊洞村
長淀村
大田野郡
益田郡
阿多粕村
若崎村
門坂村
門坂峠
乗鞍原村
大島村
小坂町村
尾崎奥村
四美村
尾崎口村
野上村
宮田村
大ヶ洞村
奥田洞村
羽根村
櫻洞村

182
185
186

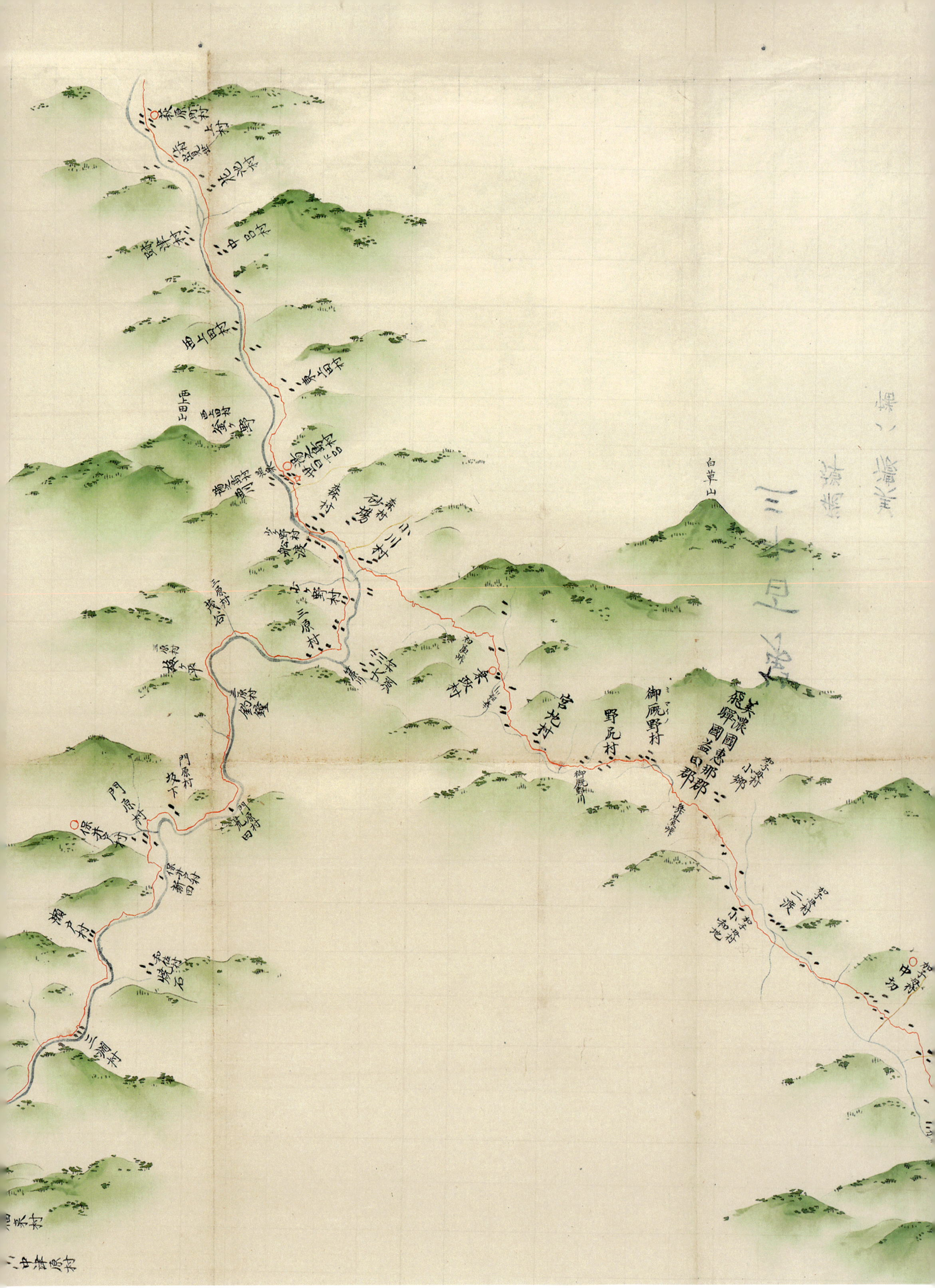
白草山
宮地村
野尻村
御厩野村
美濃國恵那郡
飛騨國益田郡
御厩野川
三渕村
中津原村

186
188 187 170

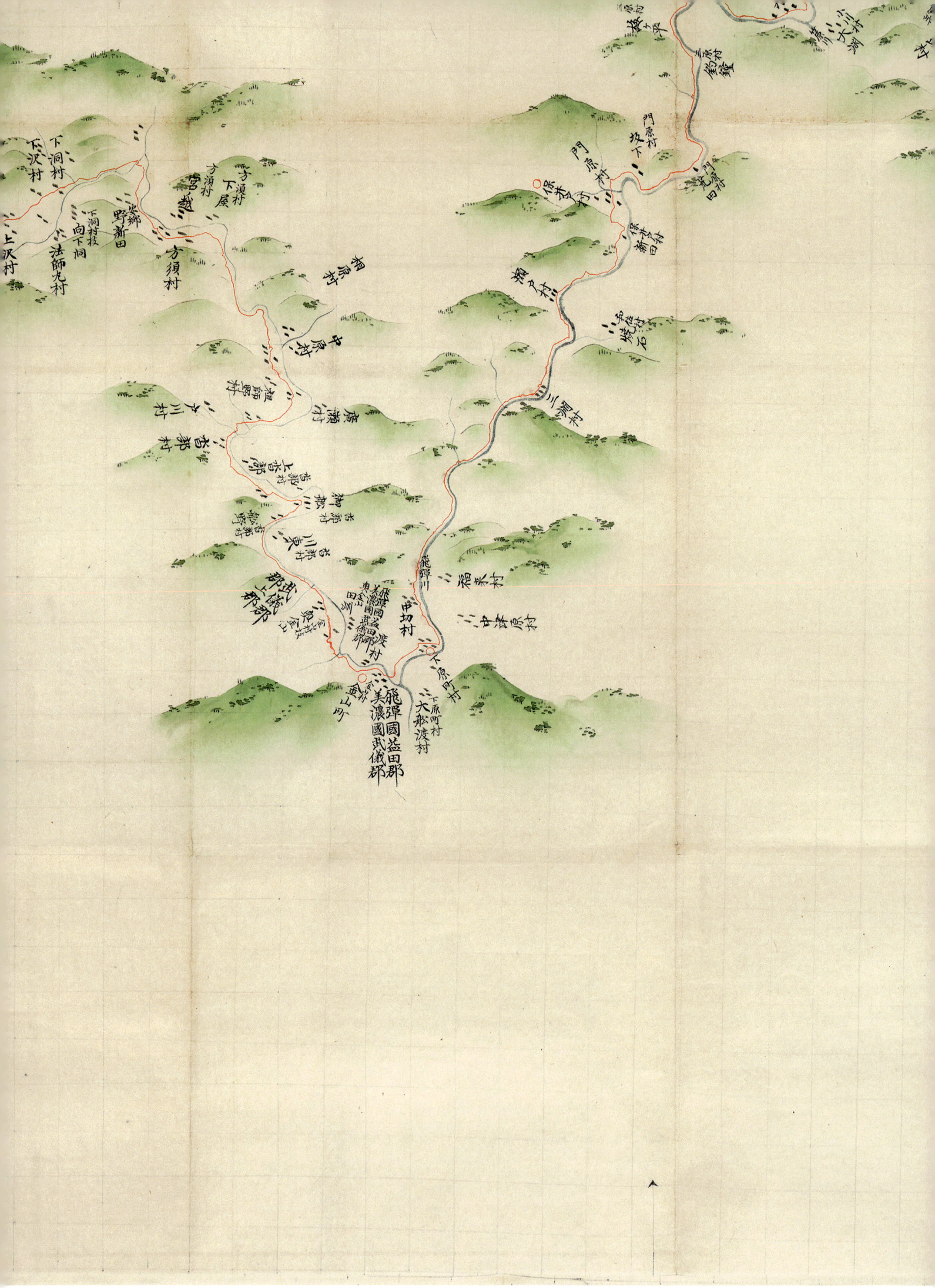

下洞村
下沢村
上沢村
法師丸村
向下洞
野新田
方須村
方須村下屋
桐原村
中原村
祖師野村
戸川村
廣瀬村
神渕村
川合
瀬戸村
門原村
三渕村
焼石
中切村
福来村
中津原村
大船渡村
下原町村
金山町
飛騨國益田郡
美濃國武儀郡

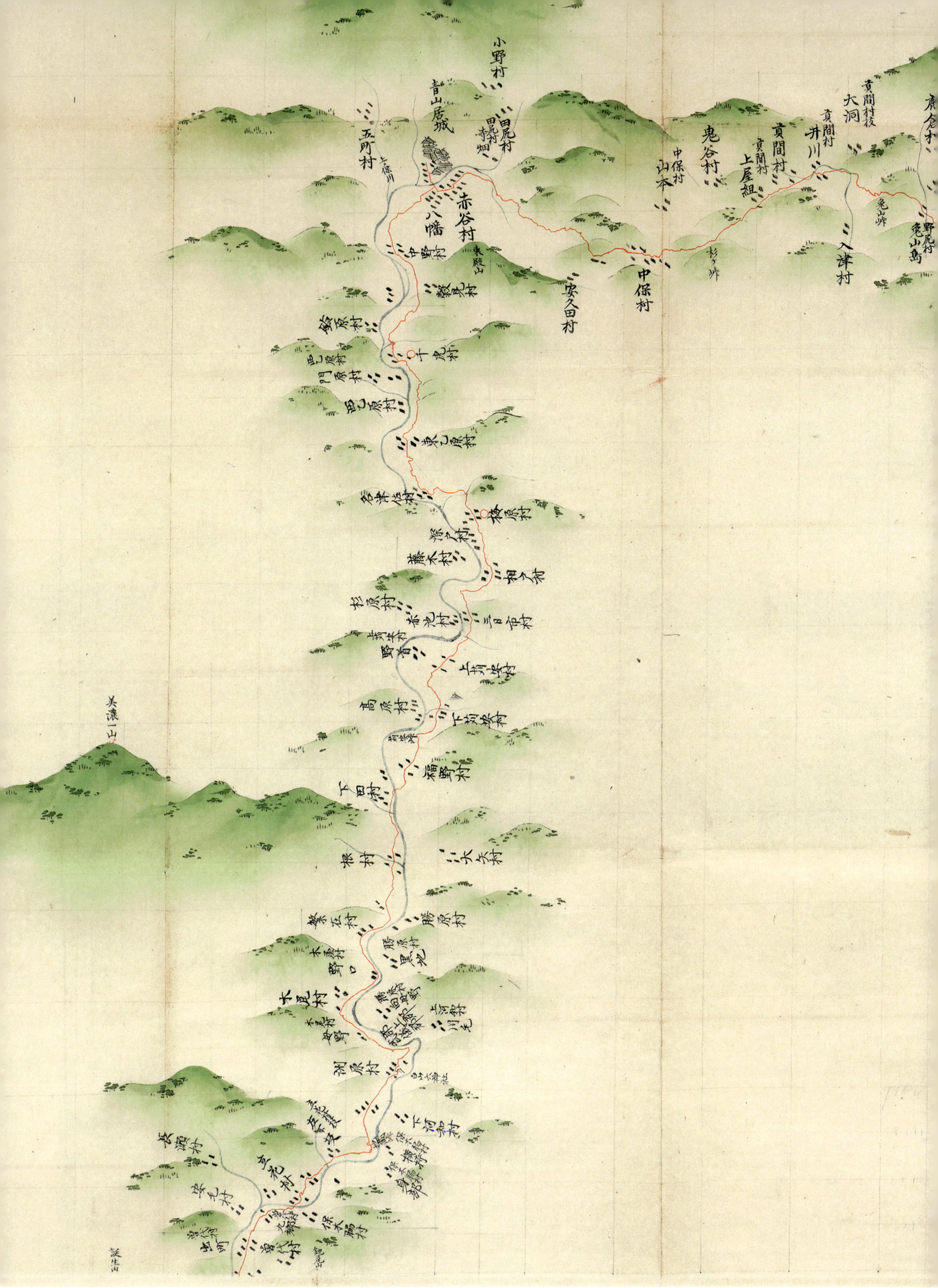

第113号　郡上八幡（3）

二森山
笠木山
大井宿 岡瀬沢
大井宿 石搭
大井
大井川
正家村 宮ノ前
中野村 新田
十三峠 西行塚
中野村 竹折村
槙ヶ根
久須見村 四辻
中野村
竹折村
藤村
藤村 深萱
恵那郡
土岐郡
釜戸村
釜戸村 大久後
細山
世古炭焼
大湫宿 神田
大湫
大湫宿 八瀬沢
北野村
北野村 一ツ家
細久手宿 深沢
細久手宿 白倉

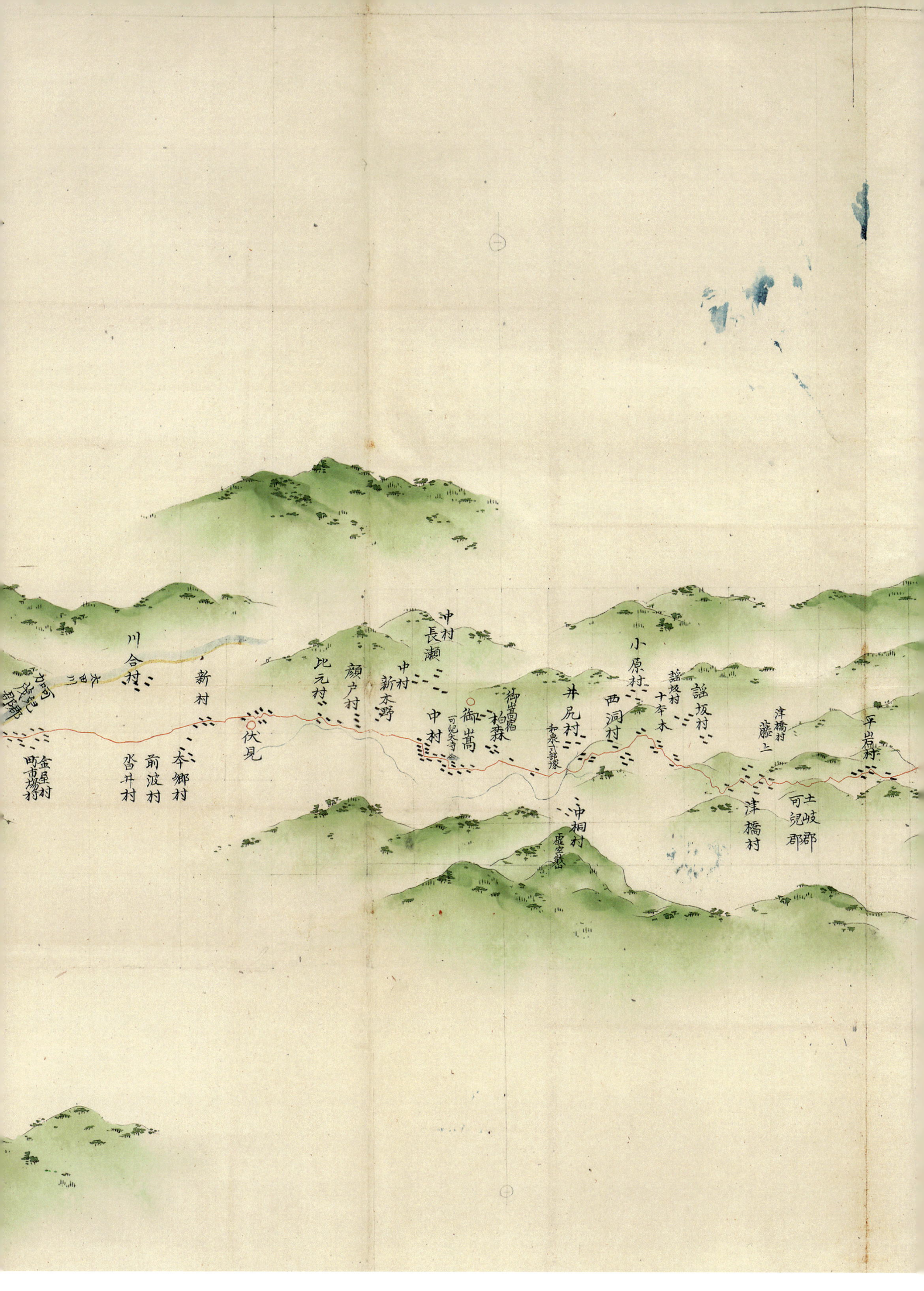
川合村
新村
本郷村
前波村
沓井村
金屋村
町市場村
伏見
顔戸村
中村
新木野
中村
長瀬
中村
御嵩
柏森
井尻村
和泉式部塚
西洞村
小原村
謡坂村
十本木
津橋村
藤上
平岩村
中桐村
虚空蔵
津橋村
土岐郡
可児郡

 第114号　犬山（1）

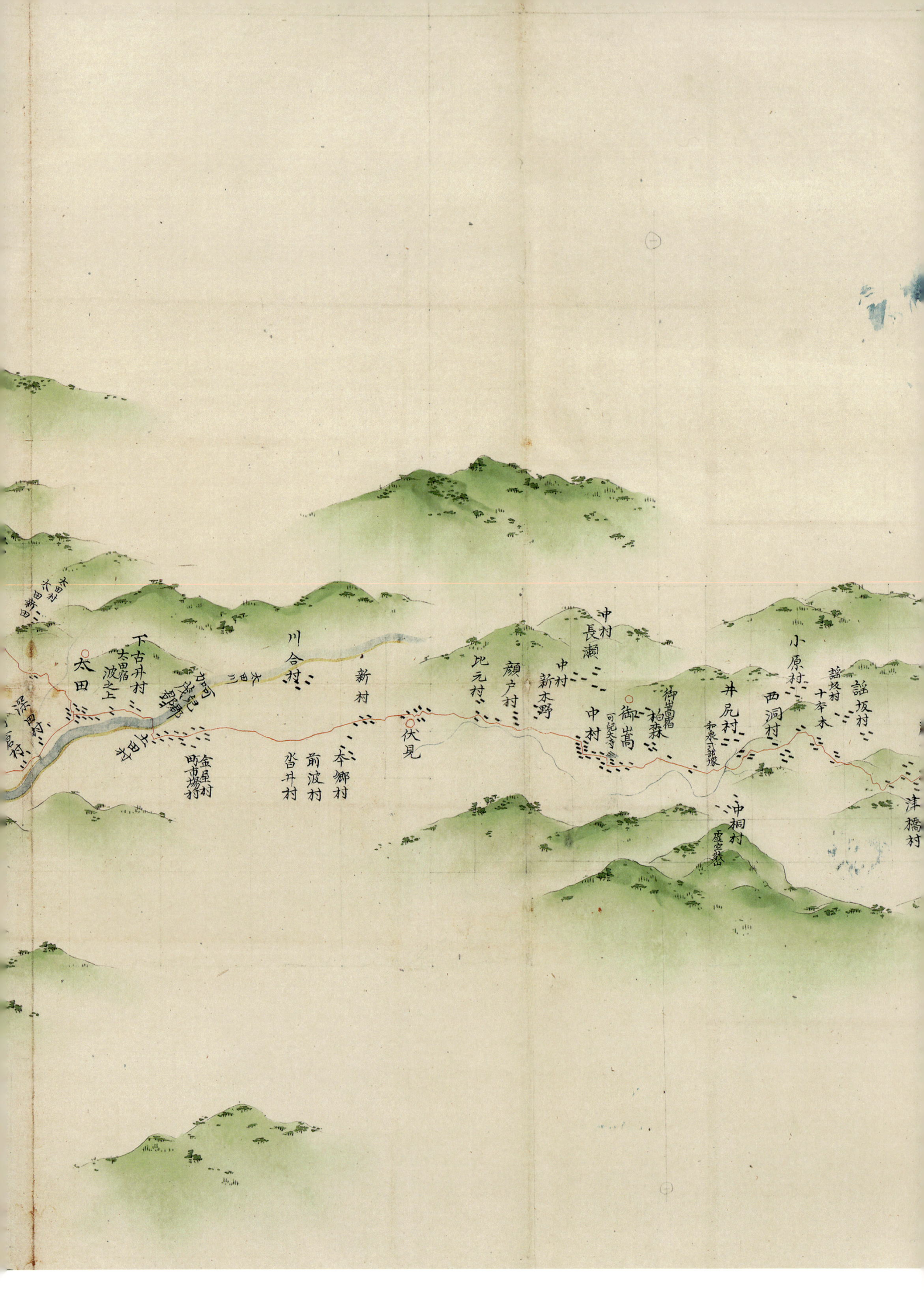

太田村
太田新田
太田
下古井村
太田宿
波之上
深田村
川合村
新村
顔戸村
中村
長瀬
中村
御嵩
御嵩宿
柏森
井尻村
和泉式部塚
小原村
西洞村
謡坂村
十本木
中桐村
虚空蔵山
津橋村
伏見
本郷村
前波村
沓井村
金屋村
西市場村

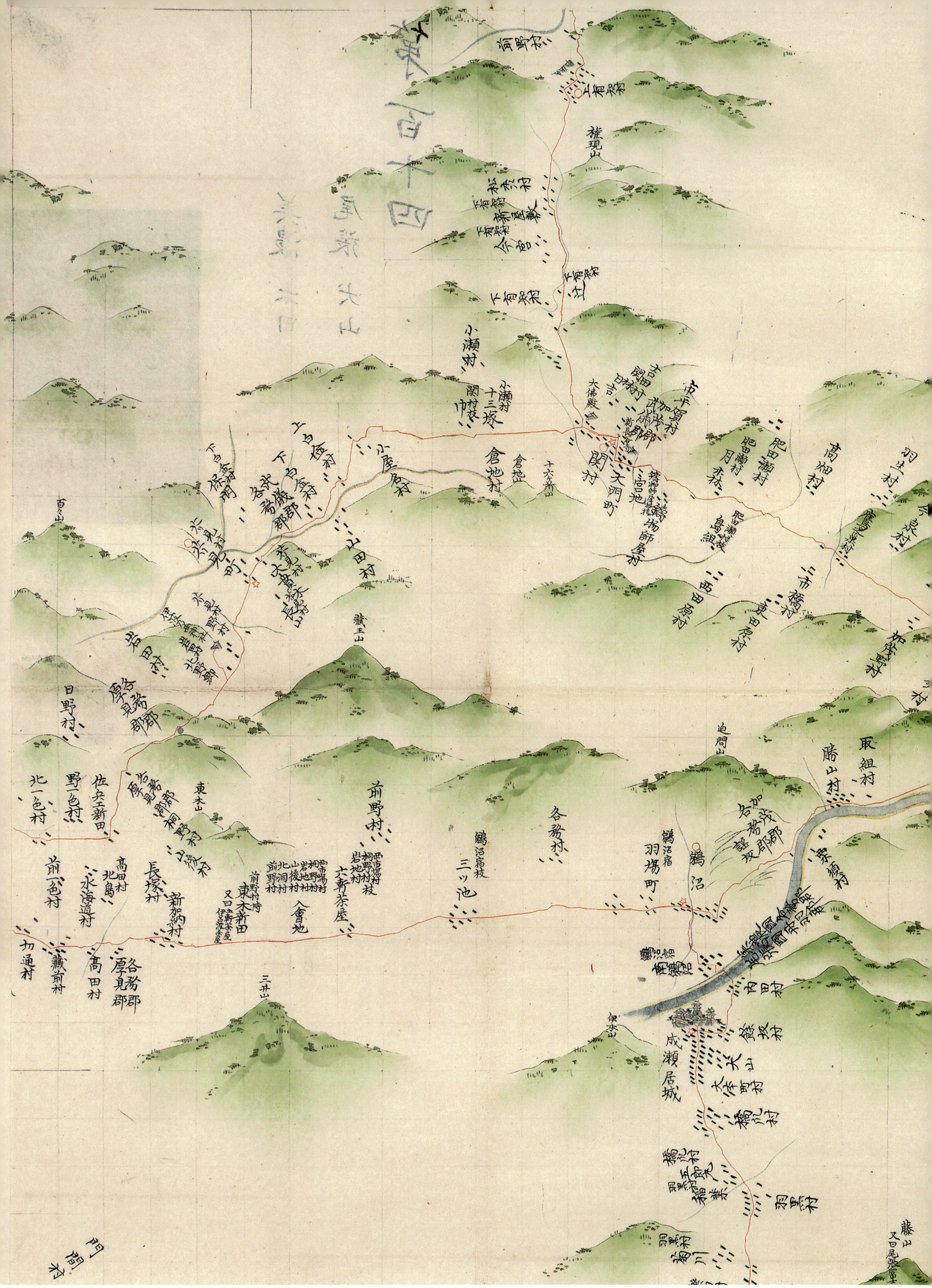

高野村
上有知村
権現山
小瀬村
関村
倉池村
小屋名村
山田村
岩田村
日野村
北一色村
前野村
各務村
三ツ池
鵜沼
羽場町
勝山村
取組村
内田村
犬山
羽黒村
長塚村
新加納村
高田村
三井山

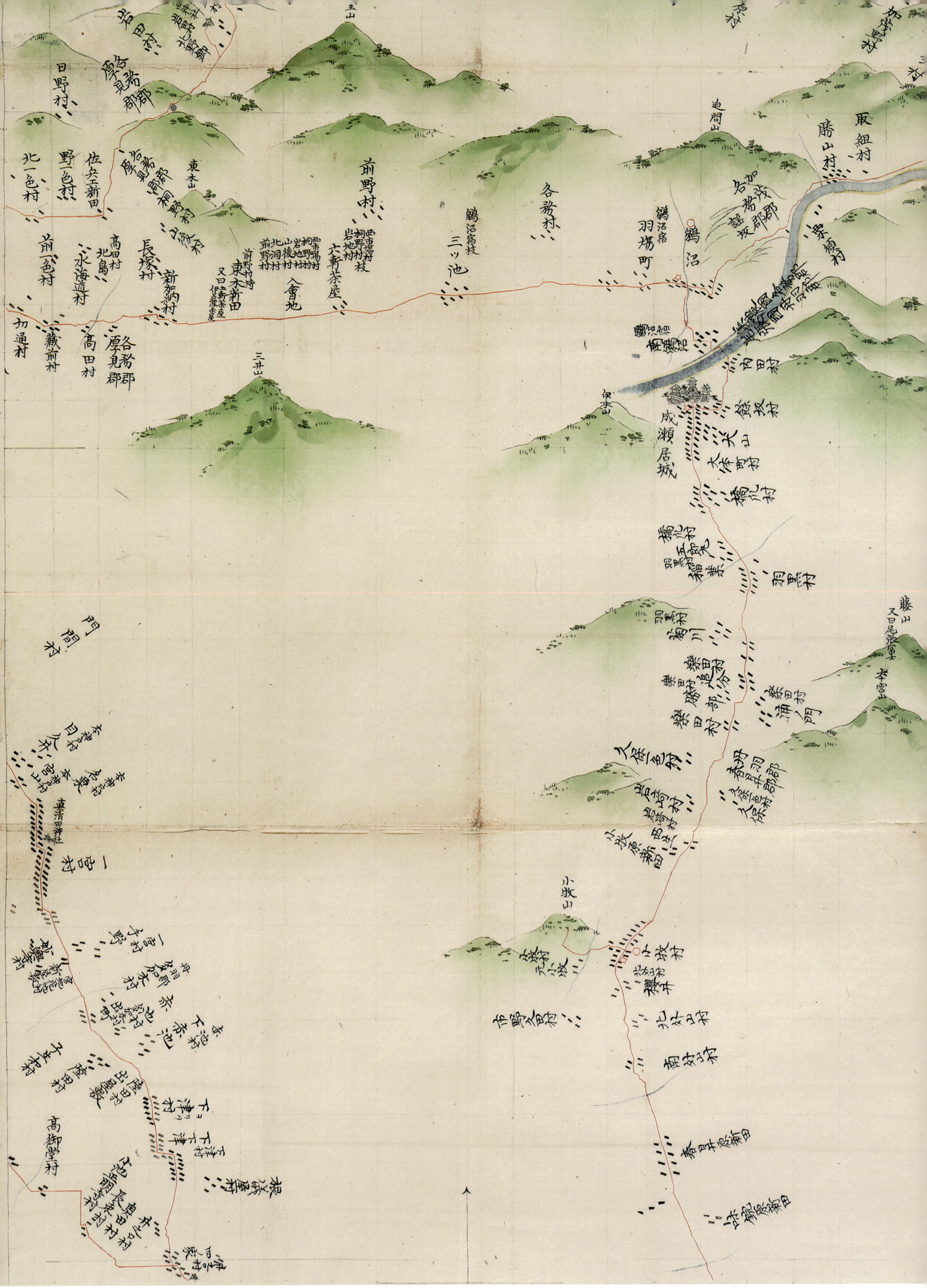

前野村
各務村
三ッ池
鵜沼
羽場町
新加納村
長塚村
高田村
北一色村
野一色村
日野村
岩田村
三井山
勝山村
取組村
大久保村
橋爪村
羽黒村
楽田村
岩崎村
小牧山
小牧村
一宮村
門間村
高御堂村

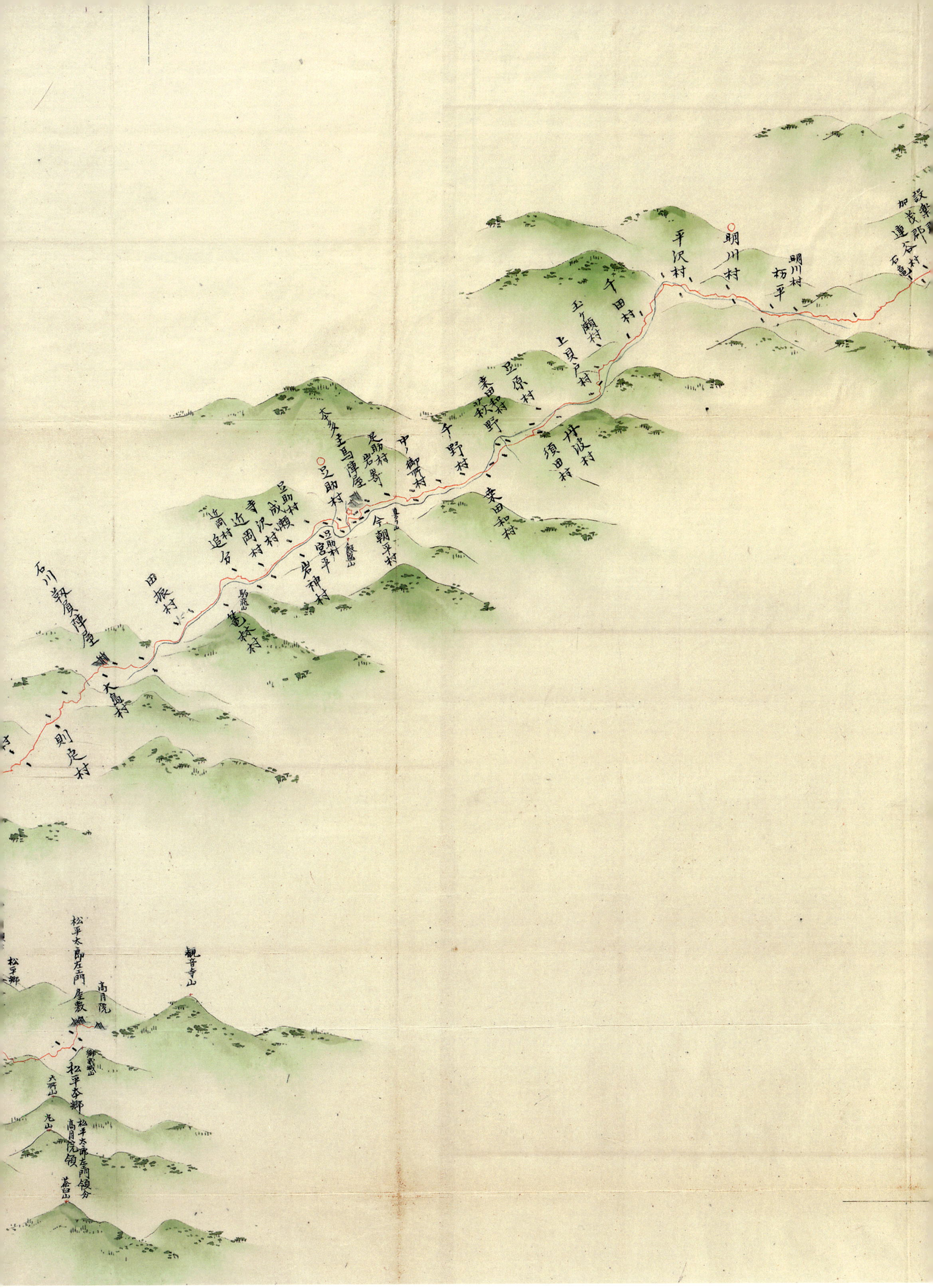

第115号　名古屋（1）

195 174 200

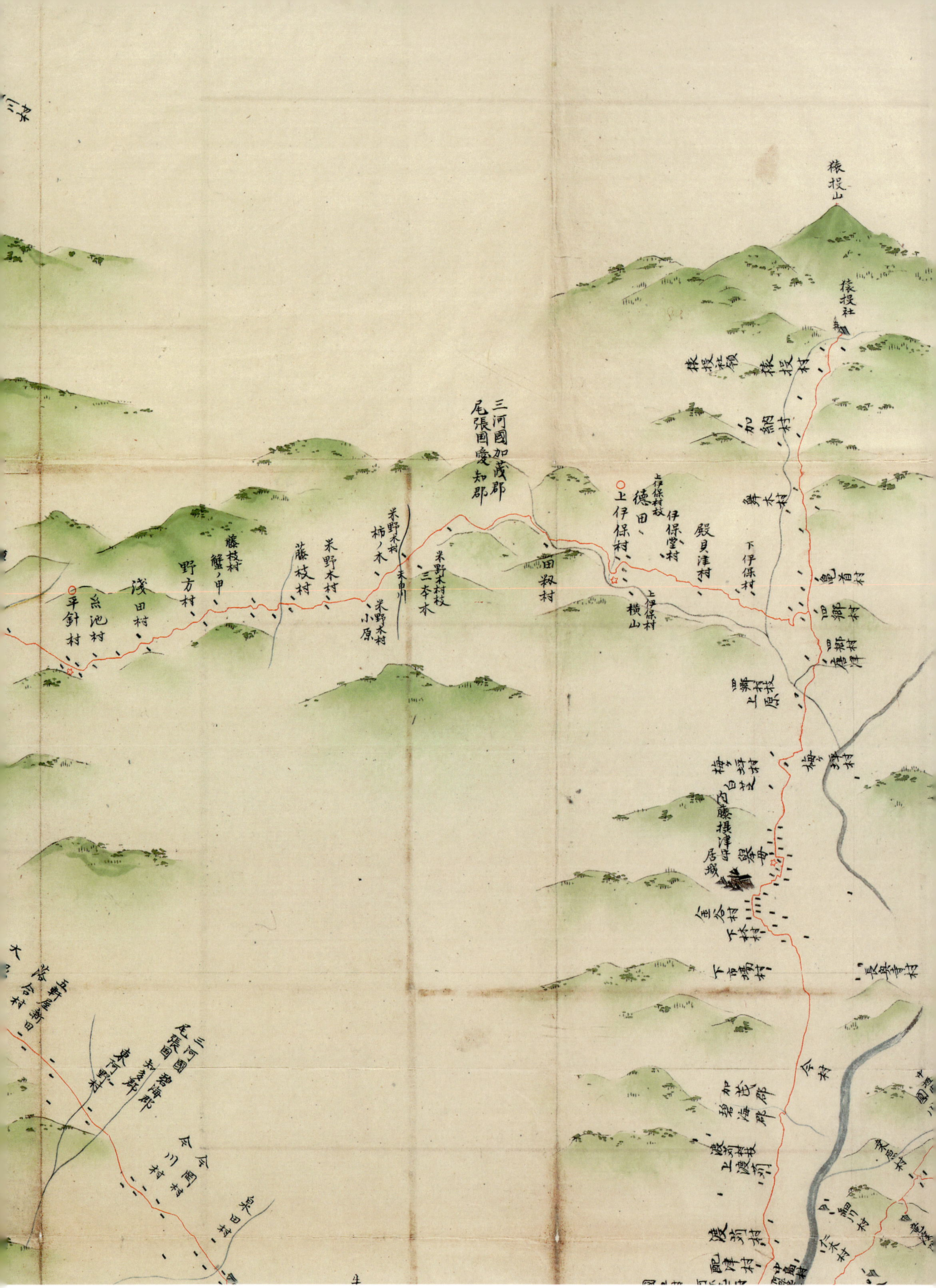

194
3巻 020
196
198
200

第115号　名古屋（2）

3巻 020 | 196
3巻 066 | 198 | 200
206

飛島新田
藤高新田
戸部村
笠寺村
鳴海
有松村
愛知郡
知多郡
三河國碧海郡
尾張國知多郡
緒川村
石濱村
生路村
藤江村
有脇村
亀崎村
大野
大草村

観音寺山
下河内村
大給村
則定村
岩倉村
赤原村
百々村
岡崎

千間村
松木島村
生田村
田村
乙川村
宮崎村
梶島
佐久島
須佐村
大井村
片名村
師崎村
日間賀島
篠島
日出村
西堀切村
東堀切村
小塩津村
和地村
伊良湖崎

財賀観音山
千両山
大野村
根石村
野田村
富岡村
庭野村
川田村
東上村
北岡新田
長山村
設楽郡
宝飯郡
八名郡
八名井村
鶴飼島村
吉祥山
遠州境山
二宮砥鹿明神
大木村
篠田村
一宮村
三蔵子村
本野村
市田村枝
諏訪
野口村
八幡村
八幡村枝
弥五郎
宇佐八幡社
久保村
国府村
御油
赤坂
牧野村
馬場村
豊川村
雨屋村
牛久保村
北金屋村
古宿村
鍛冶村
三橋村
当古村
和田村
長楽村
月ヶ谷村
嵩山村
白鳥村
伊奈村
小坂井村
堀内村
石巻山
西方村
大草村
赤根村
沖島湊
下佐脇村
梅藪村
前芝村
下五井村
下地村
横須賀村
渥美郡
豊川
茅野新田
高須新田
馬見塚村
三相村
野田村
吉田
瓦町
飯村
仁連木村
牟呂村
草間村
高足村
岩屋観音
明松峠
大岩町
二川
立岩
大崎村
大津村
下細谷村
三河

舞木村
茶臼山
幡頭山
蒲形村
竹谷村
不相村
小江村
大塚村
三谷村
亀岩
大島
形原村
宝飯郡
幡豆郡
東幡豆村
西幡豆村
西浦村
鳥羽村
琵琶島
梶島

 第116号　豊橋（2）

前芝村
下地村
横須賀村
宝飯郡
渥美郡
豊川
前芝村
高須新田
馬見塚村
三相村
野田村
吉田
瓦町
仁連木村
飯村
牟呂村
水中洲
草間村
高足村
明松峠
大岩町
二川
岩屋観音
立岩
大崎村
大津村
老津村
下細谷村
三河国渥美郡
上細谷村
小島村
小松原村
寺沢村
七根村
西七根村
高塚村
伊古部村
赤沢村
城下村
久美原村
濱田村
百々村

第116号　豊橋（3）

198
206 202
201 204

第116号　豊橋（4）

【監修】渡辺一郎（わたなべ・いちろう）
1929年、東京都生まれ。1949年、逓信省中央無線電信講習所（現・電気通信大学）卒。日本電信電話公社（現・NTT）計画局員、データ通信本部（現・NTTデータ）調査役などを経て、51歳で退職。コビシ電機㈱副社長を10年間務めた後、1994年頃から「伊能図と伊能忠敬の研究」に専念。1995年、フランスで発見された伊能中図を佐原市（現・香取市）へ里帰りさせた機会に「伊能忠敬研究会」を結成。伊能忠敬研究会代表理事を経て、現在は名誉代表。編著書に、『伊能測量隊まかり通る』（NTT出版）、『伊能忠敬が歩いた日本』（筑摩書房）、『最終上呈版 伊能図集成』（共著、柏書房）、『伊能忠敬測量隊』（小学館）、『図説 伊能忠敬の地図をよむ』（河出書房新社）、『伊能大図総覧』（監修、河出書房新社）などがある。

第2巻の伊能図所蔵先　アメリカ議会図書館（p.22-27, 54-71, 166-207）／国立国会図書館（p.12-21, 28-53, 72-165）
（詳細は第6巻参照）

伊能図大全《いのうずたいぜん》 第《だい》2巻《かん》 伊能大図《いのうだいず》 関東《かんとう》・甲信越《こうしんえつ》〔巻別版《かんべつばん》〕

2013年12月10日　初版発行
2018年 5 月20日　巻別版初版印刷
2018年 5 月30日　巻別版初版発行

監修　渡辺一郎
編集協力　横溝高一《よこみぞこういち》／戸村茂昭《とむらしげあき》／竹村基《たけむらはじめ》
装幀・デザイン　渡辺和雄
発行者　小野寺優
発行所　株式会社 河出書房新社
〒151-0051 東京都渋谷区千駄ヶ谷2-32-2
電話（03）3404-1201［営業］（03）3404-8611［編集］
http://www.kawade.co.jp/
印刷・製本　NISSHA株式会社

Printed in Japan
ISBN978-4-309-81232-8